AF523888

Bettina de Cosnac

Lesereise Paris

Bettina de Cosnac

Lesereise Paris

Das Parfum einer Stadt

Picus Verlag Wien

Grafische Gestaltung: Dorothea Löcker, Wien
Umschlagabbildung: © Andrea Astes / iStockphoto
Druck und Verarbeitung:
EuroPB, s.r.o., Tschechische Republik
ISBN 978-3-7117-1087-1

Informationen über das aktuelle Programm
des Picus Verlags und Veranstaltungen unter
www.picus.at

Inhalt

Paris. Das Parfum einer Stadt

Vorwort

Mein Parfum heißt Paris. Längst bevor teure Düfte im Flakon Städtenamen wie New York, Berlin oder Paris erhielten. Das Parfum Paris durchwehte neben Heugeruch von österreichischen Bauernhöfen und winterlichem Mimosenduft der Riviera meine Jugend. Irgendwann, Anfang zwanzig, wechselte ich das Parfum – wie es jede Frau tun sollte – und entdeckte andere Städte und Länder, kehrte aber mit neunundzwanzig Jahren in der außenpolitischen Redaktion des Fernsehsenders *France 2* nach Paris zurück. Erneuter Duftwechsel, bevor ich das Parfum Paris Mitte der neunziger Jahre endgültig adoptierte. Als abenteuerlustige Journalistin blickte ich nach vorn und ließ auch keinen Koffer in Berlin zurück. Recht so: Das Parfum Paris ließ mich – wie viele andere Wahlpariser – seitdem nicht mehr los. Korrespondentin, Heirat, Kinder, Feste und Bücher. Eigene und fremde Bücher. Vieles änderte sich für mich. Auch das Parfum Paris änderte sich mit der Reife und den Erfahrungen. Und schärfte meinen Blick auf die Lieblingsstadt der Verliebten.

Das Parfum Paris erfand sich mit den Jahren und Jahreszeiten immer wieder neu und anders. Manchmal konnte ich es einfach nicht mehr riechen. Aber die Duftwolke hielt an mir fest. Und Freunde, die sie schnupperten, seufzten entzückt: »Paris! Wie herrlich, wie süß.« Der Paris-Mythos bleibt unerklärlich, die Sehnsucht auch. Die Freunde und Bekannten wussten nichts vom Alltag, nichts von den dunklen Seiten der Stadt des früheren Sonnenkönigs und der heutigen Präsidenten. Gewiss, im Mai und Juni komponieren die Rosenblüten in den Lustgärten der Tuilerien und die Frische der plätschernden Springbrunnen ein exquisites Parfum, das kein Pariser, kein Verliebter, kein Romantiker missen will. Im Winter allerdings mischt sich herber Benzingeruch in die klare Würze der kalten Winterluft. Paris hält dann den Atem an, eingehüllt in eine Smogwolke, immer öfter auch in den heißen Monaten. Das Pariser Leben pulsiert nur noch halbherzig. Die Lebenserwartung der Pariser ist um zehn Jahre geringer als im Rest Frankreichs.

Auch die Parfumeure, die meinen Parisduft komponierten, änderten sich im Laufe der Jahre. Nach der sozialistischen Sphinx François Mitterrand kam der rechte und recht joviale Jacques Chirac, ein Afrikakenner und Charmeur, gefolgt von Nicolas Sarkozy und dem in die französischen Geschichtsbücher wohl als eher blasse Präsidentennummer eingehenden François Hollande. Wieder ein Sozialist. Links, rechts, links in der Regierung zeugt von politischer Unentschlossenheit.

Zugegeben, François Hollande hatte verschärfte Umstände, etwa die weltweite Wirtschaftskrise, den sich verbreitenden Terrorismus und das übliche französische Chaos. Aber wie kein Präsident zuvor schaffte er es, sich mit seinen amourösen Eskapaden lächerlich zu machen, auf dem roten Teppich

Angela Merkels in Berlin – ausgerechnet Angie, der Mutter der deutschen Nation – schmerzhaft auf die Füße zu treten, in Paris, der Stadt der Mode, in zu eng und zu kurz geschneiderten Anzügen vor den Kameras der Welt aufzutreten und in Russland mit einer Schapka auf dem Kopf wie ein deplatzierter Bauernsohn aus einem Puschkin-Roman zu lächeln. Gewiss, die Mütze wärmte, aber das Bild ging um den Globus und das Herz der *grande nation* erfror.

Während François Hollandes Regierungszeit verlor Frankreich – und Paris – gewaltig an Gesicht und Ansehen. Die Franzosen bereuten ihre Wahl zutiefst. Doch was konnten sie tun? Sie höhnten, resignierten oder griffen zu noch mehr Antidepressiva als gewohnt. Was viel heißen will, denn die Franzosen sind europaweit führend im Konsum von Arzneidrogen. Es ist eine verborgene Statistik.

Und plötzlich kam Hoffnung! Ein neuer betörender Duft schwebte über Stadt und Land. Er wehte von unten herauf, kam zu Fuß, *en marche*. Aus scheinbar heiterem – französischen – Himmel raste Emmanuel Macron schnell wie ein Komet an die Macht. Er war ein »Jupiter«, wie ihn die französische Presse taufte, am Firmament eines seit der Revolution 1789 scheinbar unregierbaren Landes. Ein Deus ex Machina. Mit dem biblischen Namen Emmanuel gesegnet, ist er ein vergleichsweise junger Adonis, den Talent, Klugheit, Reformeifer, politische Erfahrung als Finanzminister und gesunder Menschenverstand auszeichnen. Zudem verfügte er über Erfahrungen in der Privatwirtschaft, hat er doch, wie einst Staatspräsident Georges Pompidou, erfolgreich bei der Bank Rothschild gearbeitet. Macron hat auch Ambitionen. Mit ihm ergriff ein ebenfalls junges Regierungsteam, jenseits alter Oligarchien und obligater Elitehochschulen, die Macht.

Das Parfum Paris glich 2017 einer von einem Tornado aufgewirbelten, undefinierbaren Staubwolke, die sich erst einmal setzen musste. Das Parfum Paris wurde gnadenlos aufgemischt, eifrig neu komponiert und mit modernen Noten durchsetzt. Ein frischer Duft durchwehte den Élysée-Palast. Es tat ihm und Frankreich gut. Die Frau an Jupiters Seite heißt Brigitte, wie die Bardot, aber ohne deren opulente Formen. Sie ist geschieden, Mutter von drei erwachsenen Kindern. Vor allem ist sie, wie die an Hofklatsch gewohnten Franzosen genüsslich spotten, zwanzig Jahre älter als ihr Mann. Aber sie ist sexy und klug. Die Lehrerin für Altphilologie wird von ihren ehemaligen Schülern gegen solch höhnische Angriffe solidarisch verteidigt. Auf sie, die Optimistische, lassen sie nichts kommen. Auch Emmanuel Macron war einst ihr Schüler. Er wurde ihr treuester Fan. Mutig führte er sie allen Unkenrufen zum Trotz vor den Altar. Der neue Präsident bewies Charakter. Offiziell darf sie nicht mitregieren. Eine *première dame* steht als Funktion nicht in der französischen Verfassung. Madame Macron hat wie ihre Vorgängerinnen keinen Status und keine definierten Aufgaben. Aber sie bekam ein Budget, das erstmals der Öffentlichkeit bekannt gegeben wurde, einen Berater und eine Sekretärin. Inoffiziell regiert sie, wie alle klugen und starken Frauen hinter einem starken Mann, nicht nur auf dem Kopfkissen mit.

Brigitte mit der schlanken Figur, den gut geformten Beinen und den modischen Fast-Miniröcken, wurde schnell Liebling der Französinnen und beide Macrons Lieblinge der Welt. Das Präsidentenpaar brachte innen- und außenpolitische Hoffnung. Und Hoffnung brauchte das Land. Frankreich war aufgrund von politischen Querelen, programmatischer Verflachung, drohendem extremem Rechtsruck auf dem Präsidentenstuhl, fehlendem Reformmut, mangelndem Durchsetzungsvermögen und nachträglich aufgedeckter Korruption diverser Präsidenten und Minister in eine Sackgasse geraten. Die Liste der Missstände war lang. *La grande nation* lebte feudal und hoch verschuldet. Sie kämpfte mit veralteten, unrentablen Wirtschaftsstrukturen, teuren Netzwerken eines fast kommunistisch agierenden Sozialstaats und genoss eine ideologische Verkrustung, die notwendige Reformen erschwerten. Klein beigeben wollte das Land nicht, doch es ging auch nicht vorwärts. Parfum Paris roch muffig.

Aber nun, im Jahre 2017, gab es Jupiter und das Parfum Paris erinnerte an Mustang, wirkte feurig, verführerisch und verrückt. In Paris herrschte Aufbruchsstimmung. Die tendenziell missmutigen, gestressten Pariser Querulanten setzten ein Lächeln auf. Paris lachte zurück. Paris wurde wieder ein Flirt. Und das Küssen und Flanieren machte Spaß, trotz der patrouillierenden Soldaten mit Maschinengewehren, die seit den Terroranschlägen das Leben und Straßenbild der Hauptstadt mitbestimmen.

Das Parfum Paris lebt von starken Kontrasten. Von extremem Lärm und überraschender Stille. Von

Luxus pur und noch immer stinkenden Plätzen, an denen trunkene Obdachlose ihre aus vielen Kartons und tiefer Desillusion gebaute nächtliche Bleibe sorgsam errichten. Sie wohnen inzwischen nicht nur in der *métro*, sondern auch im schicken *seizième*, dem sechzehnten *arrondissement*.

Das Parfum Paris steckt in einem ansehnlich designten Flakon, den Monumente wie das Sacré-Cœur, der Eiffelturm, die Invaliden und geordneten Parks *à la française* zieren.

Paris bietet eine heile, nie zerbombte Haussmann'sche Fassade und liftet sich ständig. Die französische Hauptstadt ist ewige Baustelle. Ästhetik und Chaos. Das Parfum Paris kennt nächtliche Sternstunden und täglichen Stau. Darin, in Sternstunden und Stau, gleicht die Stadt an der Seine vielen Metropolen der Welt.

Und doch: Paris bleibt Paris. Wenngleich das alte Paris, wie es die Lyrik von Rainer Maria Rilke, die Prosa von Klaus und Erika Mann, die Kurzgeschichten von Immigranten und Korrespondenten der Zwischenkriegszeit oder die Memoiren leidenschaftlicher Wahlpariser beschwören, in die unwiederbringliche Vergangenheit gehört. Das alte Paris ist eine Proust'sche Madeleine. Auch Paris ist in die Moderne gezogen.

Aber Paris bleibt doch Paris. Wenngleich geliebte französische Institutionen wie das *bistrot* Opfer der Globalisierung werden, wenngleich die viel gepriesene französische *galanterie* hinter Hektik und Gedränge bis in den späten Abend zurücktritt oder ganz verschwindet, wenngleich Édith Piafs besungene *vie en rose* sich auch im 21. Jahrhundert manchmal dunkelrot bis schwarz färbt, so trägt die Stadt noch immer ihr eigenes Kleid und ihren eigenen, unverkennbaren Duft.

Ein subtiles *bouquet,* dessen Formel dieses Buch enträtselt: Aber wie jedes gute Parfum wirkt der Duft bei jedem anders.

Der Voyeur im Élysée – Von Jupiter und Gärtnern

In den Gängen des Regierungspalasts

Mitte September. Lange Schlangen bilden sich vor dem Senat, der Assemblée nationale und schicken privaten Pariser Palais. Besonders lang ist die Menschenschlange in der rue du Faubourg-Saint Honoré 55. Es ist eine politisch bedeutende Adresse, liegt hier doch der Palais de l'Élysée. Vor dem noch verschlossenen Eichentor des Regierungspalasts steht sich ein Besucher seit fünf Uhr morgens die Beine in den Bauch. Der Zweite in der Schlange hat sich eine Thermoskanne wärmenden Kaffees mitgebracht. Er kennt die Prozedur des geduldigen Wartens, erzählt er. Im Schnitt acht Stunden. Der Dritte reiste extra aus der südlichen Provinz in die Hauptstadt. Als verantwortungsvolle Staatsbürger wollen sie – wie jährlich etwa zwanzigtausend Neugierige – einmal in ihrem Leben den Arbeitsplatz ihres Präsidenten inspizieren. Jenes Mannes, der Frankreich fünf Jahre lang vorsteht und nach Fristablauf gehen muss, wenn er scheitert. Aber vielleicht hoffen die wartenden *citoyens* auch, einen Blick in die Privatgemächer zu erhaschen, vielleicht den Weinkeller zu inspizieren und sogar ein Geheimnis in den langen Fluren der von Sicherheitskräften am besten bewachten staatlichen Einrichtung Frankreichs zu entdecken.

Und dieses Geheimnis wie ein Voyeur lüstern zu wahren. Eine Illusion, seitdem nicht nur die Präsidenten und Minister, sondern auch die Küchenchefs und sogar die Hunde der Präsidenten ihre Memoiren schreiben, wie den vierbändigen Bestseller »Aboitim« (1996–2001). Das Buch, angeblich aus der Feder von Mitterrands geliebter schwarzer Labradorhündin Baltique, die den Präsidenten überlebte, war eine Parodie auf ein anderes politisches Enthüllungsbuch von Jacques Attali. Seit diesen Veröffentlichungen scheint der Élysée auf geheimnisvolle Art geheimnislos. Und doch …

Nur an den seit 1984 einmal jährlich im Herbst stattfindenden europäischen Denkmaltagen bekommen Interessierte die Gelegenheit, in den Élysée vorzudringen. Wären sie Fußballer der Nationalmannschaft, dürften sie hier nach einem großen Sieg den besten Champagner schlürfen. Wären sie bedürftige Kinder, könnten sie einer Weihnachtsbescherung beim traditionellen *arbre de Noël* beiwohnen, dürften kleine Geschenke und ein paar persönliche Ermahnungen des Präsidenten mit nach Hause nehmen. Auch bekannte Filmemacher, Sänger oder Schauspieler brauchen nicht zu warten. Diese gehen in der Hausnummer 55 ein und aus, zieren sie doch präsidentielle private Tafelrunden – auf Staatskosten. Die Zeiten, wo staatliches Recht und private Ehre noch durch Charles de Gaulle oder Georges Pompidou geradlinig verkörpert wurden, sind in Frankreich vorbei. Diese Präsidenten bezahlten ihre Privat-*Dîners* und ihre Friseure noch von ihrem Gehalt. Präzise klebte ein De Gaulle so manche Briefmarke persönlich auf seine handgeschriebenen Antwortschreiben an besorgte Staatsbürger. Heute wird die Post in einem auswärtigen Gebäude nahe des quai Branly vorsortiert, weitergeleitet, beantwortet, aber landet selten auf dem persönlichen Schreibtisch des Präsidenten. Zola und sein berühmtes Schreiben an den Präsidenten »J'accuse…!« gibt es nicht mehr. Dafür Opfer des Terrorismus, die im Palast Gehör finden. Oder besonders schwerwiegende Fälle, wie Begnadigungsgesuche oder Todkranke jenseits der Armutsgrenze.

Endlich Einlass. Strenge Ausweiskontrolle und dann wird man auch schon durchgeschleust. Der Rundgang ist abgesteckt. Vor lauter Menschen sieht man nicht viel. Wer sich geschickt anstellt, darf ein wenig mit dem extra abbestellten Personal plaudern. Und 2016 lächelte sogar Präsident Hollande hinter seinem goldenen Schreibtisch. Ein Präsident fast zum Anfassen. Irgendwann, viel zu schnell, heißt es auch schon »*sortie*.« Der Besuch ist angesichts des Andrangs durchgetaktet. Manche sehen weniger von dieser Immobilie und ihrem Innenleben als sie aus Fernsehreportagen und inszenierten Präsidenteninterviews kennen. Aber Marmorboden und edles Versailler Parkett wie ein Staatschef betreten zu haben ist auch schon etwas. Und der offizielle Fuhrpark von etwa hundertfünfzig Autos ausschließlich französischer Fabrikation beeindruckt. Die Privattankstelle auch.

Den Élysée muss man sich langsam erobern. Zimmer für Zimmer. So wie es Frankreichs Staatspräsidenten der letzten sechzig Jahre taten. Ungeachtet ihrer politischen *couleur* stimmten sie in einem überraschend überein: Hier sitzen und regieren wollten sie schon gerne, aber wohnen nicht unbedingt. Mit Ausnahme von De Gaulle, Pompidou, Chirac und Macron suchten sie sich anderswo in Paris ihr Quartier. Zum Leidwesen der Steuerzahler und der Sicherheitskräfte. Dabei warten im Élysée zweihundert Quadratmeter Privatgemächer auf den Präsidenten, die alles bieten, was man zum Leben braucht. Und noch viel mehr – zum Beispiel einen kleinen Kinosaal.

Liegt es daran, dass zwei Napoléons ihre imperialen Einrichtungsspuren hinterließen? Daran, dass der Palast einmal ein mehrstöckiges Mietshaus reicher Adeliger war, darunter der Familie des Dichterfürsten Alfred de Vigny? Oder daran, dass die Wohnräume nach Norden ausgerichtet sind? Oder schlicht am schlechten Schnitt der mit Stuck und goldenen Spiegeln versehenen Wohnung? Der schwerkranke Staatspräsident Georges Pompidou beschrieb ihn in einem seiner letzten Briefe. Er starb, obwohl er die Privatgemächer liebte, in seiner alten Wohnung auf der Île Saint-Louis, quai de Béthune.

Wie jeder Mensch, der in eine neue Wohnung zieht oder in ein neues Haus, kann auch Frankreichs Präsident sich neu einrichten. Dafür hält das sogenannte »Mobilier national«, eine Institution, zu der auch die staatliche Gobelin-Manufaktur gehört, eine schier unendliche Auswahl kostbarer Möbel, Teppiche, Spiegel, Lüster, Skulpturen, Standuhren, Gemälde von Monet, Manet bis Caravaggio und vieles, vieles mehr bereit. Das Mobilier national in Paris ist eine Fundgrube ohne Boden und eng mit den schönsten staatlichen Einrichtungen verbunden. Seit das Land im 19. Jahrhundert Republik wurde und schon durch manch frühere Revolutionen, wurde das Mobilier national zum staatlichen Möbelspeicher. Viele der rund hundertdreißigtausend Gegenstände stammen aus früheren Königsschlössern, deren Dachböden noch immer so manchen Schatz bergen. Der Staat verpflichtete sich, sie zu restaurieren und vor allem zu erhalten. Findet der neu gewählte Präsident in diesem Sesam wundersamer Dinge nichts Passendes, darf er neue Einrichtungsgegenstände – auch zeitgenössische Kunst – bestellen oder anfertigen lassen. Diese neuen Stücke gehen in das Inventar über. Das gehütete Möbelvolumen müsste also anwachsen. In der Praxis aber »vergessen« oftmals Präsidenten, Minister und Senatoren im Umzugseifer, wem was seit wann gehörte. Und da auch andere »vergesslich« sind, die Kartons fest verschlossen, der Umzug meist in fliegendem Wechsel, innerhalb weniger Stunden nach der Wahl erfolgt, verschwindet manch wertvolles Stück in Privatwohnungen.

Die Höhe der Ausgaben für die präsidiale Nestgestaltung scheint nicht limitiert. Kopfschüttelnd prüft zwar der Rechnungshof, die Cour des comptes, die Ausgaben und publiziert mahnend seine Ergebnisse. Aber dann ist es bereits zu spät.

Der sozialistische Präsident François Mitterrand zum Beispiel fühlte sich beim Schlafen im Palais de l'Élysée so unwohl, dass er eine andere staatliche Immobilie am linken Seine-Ufer für sich herrichten ließ und noch eine weitere, quasi um die Ecke. Auf Kosten des Élysée-Budgets und des redlichen Steuerzahlers. Premierminister de Villepin wiederum und seinen Söhnen reichten die Fernseher im Élysée nicht. Zum Finale der Fußballweltmeisterschaft in Deutschland fiel ihnen, am Pool liegend, ein, dass sie unbedingt einen großflächigeren Bildschirm brauchten. Wie viele Personen und welche Mittel an jenem Sonntagabend mobilisiert wurden, um den geeigneten Apparat rechtzeitig zu finden, ist Schnee von gestern, ebenso wie das Thema Friseur. Ein Staatschef soll schließlich gut aussehen. Für François Hollandes besonders kostbares, da spärliches Haar, beschäftigte er von 2012 bis 2016 einen *coiffeur* für monatlich neuntausendachthundertfünfundneunzig Euro, wie zwei neugierige Journalisten in ihrem Buch »L'Élysée off« aufdeckten. Immerhin fast ein Ministergehalt! Auch seinem Nachfolger Macron berechnete eine Friseuse zunächst sechsundzwanzigtausend Euro für drei Monate Arbeit. Gut, sie musste auch die attraktive First Lady, Brigitte, mitpflegen. Dennoch wurde sie dankend entlassen. Der Präsident, der anders als die meisten seiner Vorgänger, im Privatsektor, bei der Bank Rothschild, Erfahrung gesammelt hat, schaltete über die öffentliche Arbeitsvermittlung, Pôle emploi, eine Anzeige. Die Anforderungen waren in der Stellenausschreibung klar beschrieben. Das Gehalt nicht.

Neuer Präsident, neue Gepflogenheiten und oft Überraschungen. Nicht wenig überrascht, ja sogar enttäuscht war eine junge Journalistin, als sie einen

Freund, ENA-Absolvent und Mitarbeiter im Kommunikationsstab von Bernadette Chirac, besuchte. Er lud sie zu einem informellen Pressefrühstück ein. Sein Büro im Erdgeschoss des linken Palastflügels war erstaunlich klein und unwirtlich. Nahe der Macht zu sein, aber kein Gold zu sehen?, wunderte sie sich. Später wurden sogar die Dachstuben, die *combles*, für die engsten Mitarbeiter hergerichtet, um dem Platzmangel abzuhelfen. Hier, upgegradet in luftige Höhe, schwitzen nun sommers einige Minister. Sie gehören zum engsten Stab des Präsidenten.

Im Untergeschoss schwitzt man in den Küchen. Sie sind ein wichtiger Bereich im Élysée, ohne den die Politik nur halb so gut funktionieren würde. Liebe, aber auch Freundschaft und Diplomatie, gehen seit Jahrhunderten durch den Magen. Die Küche ist das nährende Herz eines Hauses. Madame Chirac, perfekte Hausherrin, inspizierte sie noch am ersten Tag nach Einzug in den Palast. Sie ließ die Angestellten antreten und besprach mit dem Koch persönlich die Leibspeisen ihres Mannes. Fünfhundert Quadratmeter umfasst der Küchenbereich. Er liegt im Westflügel. Im Osten hingegen sind die Privatgemächer, sodass das Essen auf dem Transport über mehrere Hundert Meter manchmal kalt wird. Aber niemals bei den Staatsbanketten im Saal Napoléon III. Hier besteht der Weg aus einem kurzen Übergang, sodass die circa fünfundneunzigtausend Gerichte jährlich – Mittagessen und *dîners* – anstandslos serviert werden können. Zubereitet werden sie von fünfundzwanzig Köchen, Konditoren und *plongeurs*. Es gibt einen Küchenchef – und einen Rechnungshof, der auch hier seit 2009 über die Ausgaben wacht. In der Regel bedanken sich die Staatschefs nach einem gelungenen Essen bei dem Küchenchef. Es ist eine ungeschriebene Tradition. Nur François Mitterrand gab sich snobistisch königlich – wobei die Königin von England sich besser benimmt. Er bedankte sich nie und meckerte nur. Es fehlte ihm schlicht an guten Manieren. So wie François Hollande, der Queen Elizabeth II. den Schirm nicht hielt und Bundeskanzlerin Angela Merkel auf dem Berliner roten Teppich – versehentlich – auf die Füße trat. Damit dies nicht im heimischen Élysée passiert, wacht ein Intendant über circa siebzig bis achtzig Angestellte. Er ist die graue Eminenz, die servieren lässt, die Essen abspricht, die Urlaubsplanung vornimmt und für das Wohlbefinden ausländischer Staatsgäste in angegliederten Gästehäusern sorgt. Der Palastintendant ist heute, wie die Journalisten Patrice Duhamel und Jacques Santamaria schreiben, der »Chef eines mittleren Unternehmens«. Er begleitet den Präsidenten auf Reisen, sucht das Personal aus, darunter den *sommelier* für den rund dreizehntausend erlesene Flaschen fassenden Weinkeller. Sechzig Jahre nach Einrichtung der *cave* 1947 wurde erstmals eine Frau zum Palast-*Sommelier*. Aber ob die ältesten, kostbarsten Flaschen geöffnet werden dürfen, entscheidet der Präsident selbst. Dass tausendzweihundert Flaschen aus der sehr gut bestückten *cave* 2013 für rund siebenhunderttausend Euro versteigert wurden, war sowohl Geld- als auch Platzmangel geschuldet. Die *cave* ist etwa fünfzig Quadratmeter klein.

Was wäre ein hübsch gedeckter Tisch ohne Blumen? Ein *entrée*, eine Eingangshalle, ohne ein kunstvoll arrangiertes *bouquet*? Für frische Blumenarrangements sorgen seit 1954 vier Floristen. Sie bestellen sie und holen sie frühmorgens in den riesigen Markthallen von Rungis. Auch hier gilt der öffentliche Wettbewerb. Ausgewählte Palastlieferanten, wie die Queen sie kennt, gibt es in einer Republik – angeblich – nicht. Seit François Hollande ist das Blumenbudget stark beschnitten. Nur noch zu Festanlässen wird der Palast mit Blumen geschmückt. Sechs Gärtner kümmern sich um den Park. Hundert Rosensorten, dreißig Rhododendren, verschiedene Azaleen, Tulpen und exotischere Pflanzen, darunter Orchideen. Letztere blühen in einem kleinen, von Bernadette Chirac georderten Gewächshaus. Seit Präsident Nicolas Sarkozy 2010 die legendäre Garden-Party am Nationalfeiertag abschaffte, wird der gepflegte Rasen auch nicht mehr von siebentausend Gästen an einem Tag zertrampelt. Auch über siebenhunderttausend Euro, die die Party jedes Mal kostete, werden eingespart. Einer der ehemaligen Palastgärtner steht heute einem der schönsten Privatgärten Südfrankreichs vor. Wie das Gärtnern im Élysée-Palast war? Er lächelt und schweigt. Ein grünes Staatsgeheimnis, denn die rechtschaffenen Élysée-Gärtner haben bisher noch kein Buch veröffentlicht.

Das Personal im Élysée-Palast ist gefordert. Ihr Familienleben auch. Danielle Mitterrand kam 1985 auf die Idee, einen Kindergarten einzurichten. Außerhalb des eigentlichen Élysée-Palasts, aber in Fußnähe, rue de l'Élysée. Bis zu vierzig Kinder von

Palastangestellten können sich hier von acht bis achtzehn Uhr tummeln. Auch wenn es offiziell bei der Platzverteilung keine Privilegien gibt, genießen die Kinder ein Privileg: Ihre Eltern dürfen zu jeder Tageszeit bei ihnen vorbeischauen. Was in anderen französischen Kindergärten völlig undenkbar wäre.

Was wäre der Élysée ohne Jupiter? Um ein ganz großes Geheimnis ärmer. Kein Blick von Journalisten oder Besuchern streifte je Jupiter. Mit dieser Gottheit ist nicht der jüngste, medienfreundliche Präsident der französischen Geschichte, Emmanuel Macron, gemeint, den die kreativen Journalisten (vor-)schnell Jupiter tauften und entsprechend die Erwartungen schürten. Gemeint ist jener kleine – oder große, wer weiß das genau – Saal am Ende eines langen, grau gestrichenen Ganges direkt unter den präsidialen Privatgemächern. Hier liegt »PC Jupiter«, der *poste de commandement*, die Schaltzentrale. Schaltzentrale wofür? Für den atomaren Blitz. Der ehemalige Luftschutzbunker wurde unter Präsident Valéry Giscard d'Estaing 1977 in ein Verhandlungsbüro für den Geheimcode der Nuklearmacht umgewandelt. Mit weiteren Räumen und einem eigenen Büro für den Präsidenten ausgestattet, damit dieser in Ruhe die richtige Entscheidung trifft. Und bei Bedarf den Knopf findet, um den Nuklearkrieg made in France zu entfachen. Ist das so einfach? Für diese Frage ist am Tag des Denkmals keiner zuständig. Allerdings auch nicht an den anderen dreihundertvierundsechzig Tagen.

Und ewig blinkt der Eiffelturm

Die Moderne modernisiert sich, modernisiert sich …

»Absolut modern sein!« war das Leitmotiv des 19. Jahrhunderts. Jenem Jahrhundert, das vom Rausch der industriellen Revolution erfasst wurde und europäische Länder wie Frankreich und Großbritannien in harte Konkurrenz zueinander versetzte. Die Alte und die Neue Welt waren vereint im Fiebern nach Fortschritt. Die Erfindungen glichen erstmals den Träumen von Jules Verne vom Fliegen oder seiner Exploration des Meeresgrundes. Sie ergänzten oder überboten sich in atemberaubendem Tempo. Die Show damaliger technischer und ästhetischer Superlative hieß Weltausstellung. Paris richtete 1855 die erste kaiserliche Weltausstellung während des Krimkriegs aus und zeigte in fantasievoll dekorierten Pavillons waghalsige Erfindungen aus aller Welt. Dabei hinkte Frankreich in seiner industriellen Entwicklung Großbritannien hinterher. Sogar im Bereich der Parfumindustrie! Aber Paris hatte die Weltausstellung und das war an sich schon ein Trumpf. Die gezeigten technischen Errungenschaften riefen Begeisterung, Unmut, ungläubiges Staunen oder leichten Schwindel bei den Besuchern hervor. 1867 wurde unter Napoléon III. die zweite Weltausstellung in Paris organisiert. Es war bereits die siebte weltweit. Während die ersten *Bateaux-Mouches* auf der Seine zu Wasser gingen, bewunderten die Menschen zu Land, auf dem Champ de Mars, nunmehr die Erfindung des hydraulischen Fahrstuhls und Kuriositäten aus Stahlbeton. Der Eiffelturm warf seine Schatten voraus. Sein Erfinder, Gustave Eiffel, gestaltete auf dieser zweiten Leistungsschau eine Maschinenhalle in einem der Ausstellungspavillons. Monsieur Eiffel hatte deutsche Vorfahren, die Bönickhausens aus dem Rheinland. Um ihre Integration zu erleichtern, hatte die Familie den umständlichen, für eine französische Zunge schier unaussprechlichen Namen abgelegt. Wenig einfallsreich wählten die Bönickhausens die hügelige deutsche Eifel als Namenspatron, bloß durch ein weiteres F verfremdet.

Zwanzig Jahre später, 1887, begann besagter Eiffel, bisher nur als Brückenbauer bekannt, auf demselben Champ de Mars der Weltausstellung mit der Realisierung seines Traumes aus Stahl: ein Turmbau in Paris. Er konnte nicht ahnen, dass sein Turm, der eher aussah wie ein gewaltig verschlungenes Turngerüst, zum Wahrzeichen von Paris werden sollte und später in millionenfacher Kopie als Schlüsselanhänger oder meterhohe Zimmerdekoration, verkauft von Afrikanern und Souvenirhändlern, die Welt erobern würde. Damals türmten sich eher meterhoch die Hindernisse vor ihm auf.

Die Signale standen auf Rot! Der Bau des Eiffelturms erhitzte die französischen Gemüter. Im Rückblick möchte man sagen, seine Konstruktion provozierte in demselben grotesken Ausmaß wie die Errichtung eines Windrads heute. Das Argument der Gegner war und ist da wie dort dasselbe: Ob

Eiffelturm oder Windrad, es störe die Ästhetik. Sie verderben das Schöne – *le beau!* Die Pariser Kunstszene, die sich selbst so gerne als fortschrittlich beweihräucherte, sah rot und griff zur Feder. Bekannte Schriftsteller wie Alexandre Dumas – der Sohn des großen Alexandre –, Guy de Maupassant, Leconte de Lisle, Stararchitekt Charles Garnier, Komponist Charles Gounod und viele andere echauffierten sich und schrieben am 14. Februar 1887 einen vehementen Protestbrief an Monsieur Alphand. Er war die rechte Hand des einflussreichen Pariser Stadtplaners Haussmann und verantwortlich für die *exposition universelle*, die Weltausstellung: »Wir Schriftsteller, Maler, Bildhauer, Architekten, leidenschaftliche Amateure der bisher intakten Schönheit von Paris protestieren aus vereinten Kräften, mit tiefster Entrüstung, im Namen des missachteten französischen Geschmacks, im Namen der bedrohten französischen Kunst und Geschichte, gegen das Errichten im Herzen unserer Hauptstadt, des unnützen und monströsen Eiffelturms (…).« Päng! Fortschritt ade, wenn es wieder einmal um Empfindsamkeiten geht. Zum Glück waren die Stadtherren damals nicht so empfindlich wie die Künstler, sondern unbefangen in Fragen des Geschmacks. Sie zogen den Bau durch. Paris verdankt ihnen seinen Weltruhm. Denn dieses Monstrum bewundern heute Millionen! Ja, dieses unnütze Objekt bringt der Stadt sogar Millionen von Centimes, alten Francs, neuen Francs und Euros. Über Geschmack ließ sich schon immer gut streiten.

Schon damals stellten allerdings die Gegner stellvertretend für die *grande nation* ein erstaunliches Selbstbewusstsein zur Schau, das seinesgleichen sucht: »Ohne in die Exaltation eines Chauvinismus zu verfallen, haben wir das Recht, lautstark zu deklarieren, dass Paris weltweit eine Stadt ohne Rivalin ist.« Klar, wissen wir doch längst. Gerne unterschreiben wir diesen Passus. Ebenso das Klischee »Stadt der Verliebten«, wobei Lutetia dies garantiert nicht im stinkenden Mittelalter war. Aber, und hier verweigern wir die Unterschrift, die französische Künstleravantgarde fährt in demselben Brustton eitler Überzeugung fort, Italien, Flandern, Deutschland und andere hätten trotz eines großen künstlerischen Erbes, auf das sie zu Recht stolz sein könnten, »nichts Vergleichbares an Schönheiten« zu bieten. Und, so polterten die Gegner in ihrer seitenlangen Petition weiter, selbst das »kommerzielle Amerika« würde diesen Turm nicht wollen. Er wäre der *déshonneur de Paris*. Mit anderen Worten: Der Turm wäre ein »Schandfleck« von Paris. Hatten die Künstler wirklich Amerika nach seiner Ansicht gefragt? Amerika baute jedenfalls wenige Jahre später einen noch viel höheren Wolkenkratzer.

Ach! Wüsste man in der Gegenwart das Urteil zukünftiger Generationen richtig einzuschätzen, so würden sich die Protestler in die Zunge beißen und ihre Hände aus dem Spiel lassen. Aber so können sie sich bestenfalls noch im Grabe umdrehen angesichts des messbaren Erfolgs des stählernen Riesen.

Gebaut wurde der Turm also ungeachtet der Proteste. Einen Kompromiss erzielten die Gegner immerhin: Das Stahlkonstrukt sollte nach zwanzig

Jahren abgerissen werden. Papier ist bekanntlich geduldig und die Politik flexibel.

Die Einweihung erfolgte am 31. März 1889. Der Anlass – wieder eine Weltausstellung. Der Bau des Eiffelturms wurde in Rekordzeit ausgeführt. Er kostete das Vermögen von fast acht Millionen Francs-or. Die Fundamente sind bis zu fünfzehn Meter tief und der Koloss ist unvorstellbare zehntausendeinhundert Tonnen schwer. Tausendeinhundertfünfundsechzig Stufen führen im östlichen Standbein bis zur Turmspitze. Wie ein Kind schoss der Turm in die Höhe. Er wuchs von ursprünglich dreihundertzwölf Metern auf dreihundertvierundzwanzig Meter, rechnet man die aufgesetzten Funkantennen mit, die im Ersten Weltkrieg von den Franzosen geschickt genutzt wurden. Die Marne-Schlacht konnte nur gewonnen werden dank abgefangener – codierter – Funksprüche, die von der Nachschubschwäche der deutschen Gegner berichteten. Pariser Taxifahrer kutschierten eigenhändig und im Affentempo französische Soldaten an die zu erobernde Front. Dem Turm sei Dank. Das kleine Büro, das sich Monsieur Eiffel im obersten Turmstübchen wie andere ihr Dachstübchen eingerichtet hatte, leistete hierbei gute Dienste. Heute ist es Museum, das aufgrund der Enge nur durch die Fensterscheibe, gleichsam virtuell, besichtigt werden kann. Die Turmkemenate war schließlich exklusiv für einen Mann und nicht für Millionen eingerichtet worden.

Gut hundertdreißig Jahre nach seiner Geburt haben mehr als zweihundert Millionen Besucher den Eiffelturm erklommen. Im Sommer sind es mehrere

Zehntausend pro Tag, die geduldig auf die Beförderung nach oben, bis zur letzten kleinen Aussichtsplattform warten. Manchmal müssen sie bei dreißig Grad im Schatten über drei Stunden warten. Aber sie erfüllen sich einen Traum wie einst Erfinder Gustave sich den seinen erfüllte.

Die vielen Superlative der Tour Eiffel bedürfen intensiver Pflege. Schon 1892 musste der Farbanstrich das erste Mal erneuert werden. Heute halten Farben zwar länger, aber noch immer benötigt der Eiffelturm im flotten Sieben-Jahre-Rhythmus sechzig Tonnen nicht oxidierende, rost- und frostsichere graue Farbe, um nicht alt und verrostet auszusehen. Am neuen Antlitz arbeiten fünfundzwanzig Maler rund achtzehn Monate lang, verbrauchen tausendfünfhundert Bürsten und tausendfünfhundert Stück regelkonformer Arbeitskleidung. Die Kosten gehen in Millionenhöhe, die erst einmal verdient sein wollen. Hinzu kommen laufende Instandhaltungskosten. Für die französische Eiffelturmbetreibergesellschaft, die Société d'Exploitation de la Tour Eiffel (SETE), arbeiten ungefähr dreihundert Angestellte. Jährlich gibt die SETE schätzungsweise hunderttausend Euro für die Instandhaltung des Monstrums aus. Entsprechend werden die Eintrittspreise jährlich nach oben hin angepasst.

Nur für Kinder bis zu vier Jahren ist der Traum von der Eiffelturmbesteigung kostenlos. Rollstuhlfahrer kommen bis zur zweiten Etage. Immerhin möchte man sagen, denn sie und andere Gehbehinderte wurden beim Bau des Meisterwerks – wie übrigens bei allen historischen Monumenten, Museen,

Theatern, Schlössern – von Architekten und Ingenieuren nicht berücksichtigt.

Kein Trost, aber interessant zu wissen: Adolf Hitler kam im Juni 1940 angeblich auch nicht weiter beziehungsweise höher als bis zur zweiten Etage. Ihm ging beim Treppensteigen die Puste aus, wie ein wertgeschätzter Journalistenkollege recherchierte. Zufällig, aber wirklich nur rein zufällig, waren am Tag seines Besuchs leider alle Lifte defekt. Solche Pannen kommen auch heute noch vor. Aber der hydraulische Fahrstuhl von damals erweist sich doch als recht zuverlässig.

Muss man überhaupt höher hinaus? Angeblich sieht man von der dritten Etage auch nicht besser als von der zweiten, meint ein Besucher. Aber der Nervenkitzel und Schwindel seien schon anders, irgendwie intensiver.

Und da die Moderne sich stets modernisieren muss und die Menschen des 21. Jahrhunderts alte Monumente ohne Neuerungen langweilig finden, muss auch die Tour Eiffel sich immer wieder neu präsentieren. Zunächst wurden die schummrigen Gaslampen durch dreihundertsechsunddreißig Projektoren und intensivere Natriumbirnen ersetzt. Alle drei Jahre müssen sie ausgetauscht werden. Pro Jahr verbraucht der Eiffelturm fast acht Millionen Kilowattstunden, etwa so viel wie ein Dorf mit hundert Haushalten. Zur Jahrtausendwende sollte der Turm ins rechte Licht gerückt werden und wie ein vertikaler Sternenhimmel funkeln. Kurzerhand bekam die stahlgraue Dame ein fesches Glitzerkleid übergezogen: Zwanzigtausend Glühbirnen ließen den Turm weithin sichtbar funkeln. Der Erfolg war umwerfend. Und weil es so schön war, schimmert, funkelt, blinkt und glitzert der Eiffelturm seitdem zu jeder vollen Stunde wie ein lichtgeschmückter Weihnachtsbaum oder ein Himmelszelt mit tausend Sternschnuppen. Das Schauspiel ist einmalig und bis weit in die Île-de-France sichtbar. Der Eiffelturm leuchtet bis auf die Hügel der Vorstädte, funkelt bis zur dreiundzwanzig Kilometer entfernten Schlossterrasse in Saint-Germain-en-Laye, sendet seinen Lichtergruß bis in die Häuser von Mareil-Marly und noch weiter bis auf die Hügel des einstigen Apfeldorfes Chambourcy. Sogar dort nehmen ihn die Anwohner auf ihrem Weg in die »Wüste von Retz«, einem Landschaftspark des 18. Jahrhunderts, als Orientierungspunkt wahr. Funkelt er, wissen sie: »Dort liegt Paris!« Der Eiffelturm ist ihr Kompass.

Die Tour Eiffel leuchtet nicht immer in denselben Farben. Blau-weiß-rot erstrahlte der Turm, als das französische Nationalteam Fußballweltmeister wurde. Zu Silvester ändert er seine Farbe um Mitternacht. Das Lichtspiel ändert auch seinen Rhythmus, um das neue Jahr zu begrüßen. Es ist jedes Mal ein schönes und irgendwie surreales Spektakel.

Übrigens: Nur wenige Pariser haben die Spitze des Eiffelturms erklommen. Es würde ihnen nicht im Traum einfallen. Die Tour Eiffel ist eine Sehenswürdigkeit für Touristen. Dafür besichtigen sie das achtzig Meter höhere New Yorker Empire State Building, erklimmen die Stufen des Kölner Doms, besteigen den Stephansdom in Wien oder genießen das hochgelegene Restaurant des Berliner Fernsehturms.

Und wie es so ist: Wenn es ums Essen geht, gleichen die Pariser Protestler von einst den heutigen Parisern. Der Turmkritiker Guy de Maupassant saß damals unter den Ersten im neu eröffneten Restaurant des Eiffelturms. Getreu dem Motto »das Auge isst mit« versöhnte er sich mit der »einmaligen« Aussicht. Den Weg bis ins Ducasse-Restaurant in der zweiten Turmetage finden auch die Pariser.

Der heftige Eiffelturmdisput von einst lehrt jedenfalls: Keiner ist Prophet im eigenen Land. Auch nicht der Pariser.

Von Parfumeuren als Künstlern

Die Nase der Frau ist auf dem Vormarsch

Unglaublich, aber wahr. Eine der letzten Männerbastionen wurde erst Ende des 20. Jahrhunderts von Frauen erobert: die Komposition von Parfum! Entschlossen stießen sie in Paris die ihnen verschlossenen Labortüren auf und fanden ihren Weg an die wohlriechenden Duftorgeln. Endlich spielten sie hier auf, komponierten das Parfum mit dem *bouquet*, das sie tragen wollten. Frau war nicht mehr in den Vorzimmern der Labors stationiert, wog nicht mehr nur die Essenzen ab und bereitete die Duftformel einer männlichen »Nase«, wie der Beruf in der Fachsprache heißt, auf. Nein, jetzt war *sie* die Entscheidungsträgerin in der Kreation. Im 21. Jahrhundert ist die Frau eine anerkannte Parfumeurin.

Fast zwei Jahrtausende lang galt das weibliche Geschlecht nur als Muse oder als Trägerin von Parfum. Bis ins 19. Jahrhundert hatten es sich nur die Reichen, Adligen, Königinnen oder Kaiserinnen leisten können und vereinzelt Parfums in Auftrag gegeben.

Es war eine friedliche und diskrete Revolution, die sich ab den achtziger Jahren in Paris vollzog. Eingeläutet wurde sie von der zartgliedrigen Annick Goutal, die eigentlich Ballerina werden wollte. Ihr Lebensweg mäanderte und sie beschloss, Düfte zu kreieren. Die passende Nase an ihrer Seite fand sie zufällig. Sie suchte in Paris und nicht in der traditionellen südfranzösischen Parfumstadt Grasse, wo die berühmtesten unter ihnen wie etwa Edmond Roudnitska wirkten. Man empfahl ihr eine gewisse Isabelle, eine der ersten Absolventinnen der 1970 in Versailles gegründeten »Dufthochschule« ISIPCA (Institut supérieur international du parfum, de la cosmétique et de l'aromatique alimentaire). Im Tandem signierten sie bis zu Annicks Tod legendäre Düfte.

Fast zeitgleich mit Annick Goutal machte sich eine andere von Düften faszinierte Chemikerin, Patricia de Nicolaï, auf den Weg und gründete mutig ihr eigenes Label »Parfums de Nicolaï«. Als Familienmitglied der berühmten, im 19. Jahrhundert gegründeten Parfumdynastie Guerlain konnte sie eigentlich nichts falsch machen. Dennoch war es ein gewagter Schritt. Im eigenen Guerlain-Haus durften nur Männer – des älteren Dynastiezweigs – *parfumeur* werden.

Der Erfolg ihrer Düfte gab beiden Frauen recht. Er illustriert eine Entwicklung, die sich Anfang des 20. Jahrhunderts ahnungsvoll, wenngleich zaghaft abzeichnete: das Ende der Reduktion des weiblichen Geschlechts auf die Rolle der Mätresse, Muse oder ehelichen Untertanin. Und das Einläuten der Ära der kreativen, klugen und fähigen Geschäftsfrau im Luxussegment. Coco Chanel (1883–1971), Designerin von *haute couture*, und ihre italienische Rivalin Elsa Schiaparelli (1890–1973) sowie die Französin Jeanne Lanvin (1867–1946) oder auch Félicie Vanpouille aus dem Hause Caron galten damals

als Pariser Pionierinnen. Chanel und Schiaparelli verkauften Düfte als preiswerteres Accessoire wie sie später Handtaschen, Handschuhe und *foulards* verkauften. Sie waren Auftraggeberinnen, ließen komponieren. Ihre Nasen waren jedoch Männer, wie etwa der legendäre Ernest Beaux für Chanel und, später, Edmond Roudnitska. Für Caron komponierte erstmals eine weibliche Nase ein Parfum. Lange blieb sie in Frankreich die Ausnahme, während die USA schon die weibliche Nase vorn hatte. Geschäftsfrauen im Luxussegment waren freilich in der Minderheit. Als Witwen – seltener als Geschiedene – handelten sie aus Notwendigkeit. Ihre Männer waren verstorben und sie übernahmen das florierende Geschäft.

Seit der sanften Duftrevolution ist die weibliche Nase unaufhaltsam auf dem Vormarsch. Ihre Kreationen stehen zuvorderst in den glitzernden Auslagen der Luxusparfumerien. Viele positionieren sich in den so genannten Nischenparfums, die sich von der *haute couture* lossagten und als *haute couture parfums* selbständig auftreten. Ihr Gründer war Serge Lutens.

Die Parität im Parfumsegment ist jedoch noch nicht erreicht. Es gibt weit weniger Herren- als Damenparfums. Der Mann als lukrativer Massenendverbraucher wurde erst in den zwanziger Jahren des 20. Jahrhunderts entdeckt. Die Kompositionen seiner Düfte blieben relativ beständig und uniform. Es dominierten Lavendel, Zitrus oder Moschus. Irgendwann kann der Duft von Gewürzen und, in den zwanziger Jahren, der von Leder. Jean-Claude

Ellena, die sensible, avantgardistische Nase von Hermès, schuf mit »Terre d'Hermès« den ersten Herrenduft ohne die traditionelle Moschus-Komponente. Die Damendüfte hingegen hatten sich bereits im 19. Jahrhundert mit der aufblühenden Parfumindustrie in England und, etwas später, auch in Frankreich relativ demokratisiert. Paris duftete jedoch, soziologisch gesehen, unterschiedlich: Trugen die Pariser Frauen der *bourgeoisie* oder des Adels ein diskretes *eau de Cologne* oder ein intensiveres Blumen-*Bouquet* wie Rose, Maiglöckchen oder das beliebte Veilchen in ihren reservierten Opern- und Theaterlogen, so verströmten die *cocottes*, besonders in Montmartre, Patschuli. Es waren quasi Klassendüfte, die, je nach Wohnlage und Art des Amüsements, auch die Stadt geografisch anders riechen ließ.

Im Bereich der eigentlichen Kreation, der Laborarbeit, schlägt die Waage noch immer leicht zugunsten männlicher Nasen aus. Nur Paris kommt langsam ins Gleichgewicht. Frauen sind an der Seine gesuchte *parfumeurs* von Luxusmarken. Diese wählen bewusst weibliche Nasen. Hermès hat die lebhafte Italo-Schweizerin Christine Nagel, Cartier seine charaktervolle Mathilde Laurent. Andere Parfumeurinnen beherbergen ihr Label unter den exklusiven Nischenparfums wie Sophie Bruneau mit »Affinescence«. Ihre subtilen Parfums schafften es innerhalb weniger Jahre in die erlesenen privaten Salons des englischen Luxuskaufhauses Harrods. Als versierte One-Woman-Marketing-Geschäftsfrau-Nase eroberte sie die konsumstarken Duftmärkte des Orients und Russlands. Auch Isabelle

Feydeau, Parfumhistorikerin mit Mannequinfigur, tauscht immer wieder ihren sterilen Computer gegen duftende Laborpipetten aus. Die Namen ihrer Ambientedüfte und Duftkerzen entnimmt sie der Literatur und Geschichte Frankreichs.

Viele Parfumeurinnen haben ihre Labors in Paris und Umgebung. Wenngleich große Firmen ihre Produktionsstätten an der Loire haben. Aber in Paris liegt der größte heimische Absatzmarkt quasi vor der Haustür – und hier findet der Ehemann einer weiblichen Nase leichter Arbeit. Die eine kreiert im pittoresken Hinterhof, die andere im Untergeschoss einer ihrer Parfumerien nahe der von floralen Naturdüften durchzogenen grünen Oase Palais-Royal. Die eine Nase sitzt in einem inspirierenden Glaskasten des Stararchitekten Jean Nouvel, die andere fährt aus Kostengründen in die Labors eines großen deutschen, schweizerischen oder amerikanischen Duftkonzerns vor den Toren von Paris, um hier mit einer anderen Nase gemeinsam zu komponieren. Ein eigenes Labor mit Duftorgel zu unterhalten, ist im teuren Paris für einen unabhängigen *parfumeur* eine Kostenfrage.

Peu importe wo sie auch kreieren – die wichtigsten Instrumente, ihre feinen Nasen und ihre Imagination, tragen die weiblichen Spürnasen neuer Düfte immer bei sich. Ihre Empfindungen und Ideen auch.

Mehr braucht die Parfumeurin in der Regel nicht. Weder eine Muse noch ein Vorbild. Eine Idee geht voraus, der Duft folgt. Das reicht, riecht gut und verkauft sich. Es war eine Frau, die den bezaubernden

Duft »Le sac de ma mère«, die »Handtasche meiner Mutter«, schuf. Als Duftkerze verführt die Komposition mit einer subtilen, süßlich-frischen Note.

Komponiert das weibliche Geschlecht anders, so wie es in Unternehmen einen anderen Führungs- und Debattenstil beweist? Starnase Jean-Claude Ellena gibt unumwunden zu, wie fasziniert er von dem »doch so anderen Vorgehen« seiner Nachfolgerin, der anerkannten Nase Christine Nagel, war. Fröhlich schien diese die Duftformeln aus der Luft zu zaubern, verwarf ebenso unbekümmert das Komponierte, schrieb neu, strich durch. Sie kreierte mit einer Geschwindigkeit, die ihn, den akribisch arbeitenden, nachdenklichen *parfumeur* verblüffte. Wurde eine Duftprobe von ihnen gemeinsam in seinem Atelier in Grasse verworfen, suchte sie eine andere und präsentierte sie am nächsten Morgen. Das unterschiedliche Vorgehen mag vielleicht dem jeweiligen Temperament der beiden Persönlichkeiten geschuldet sein und nicht ihrem Geschlecht. *Parfumeur* Ellena hat eine Tochter, die Nase wurde, und ihm im Kreationsprozess gleicht. Und doch … chemisch gesehen wittert die männliche Nase andere Düfte als die weibliche. Und umgekehrt. Die unterschiedliche Wahrnehmung scheint eine Frage der Hormone und Körpersäfte zu sein. Die Forschung steckt auf dem Gebiet in den Anfängen.

Wie man in Paris zur Parfumeurin wird? Im Schnelllehrgang im Traditionshaus der Parfumdynastie Guerlain auf den Champs-Élysées oder nahe der Pariser Oper bei Fragonard, dem die drei dynamischen Schwestern Costa in dritter Generation vorstehen. An der Oper, unter den Dächern von Paris, entwickelt Agnès, die mittlere Costa, Parfum und Kollektionen. Sie will »Lebensfreude« und »moderaten Luxus« verkaufen. Ausgangspunkt jeder Kreation ist eine Geschichte, die sie und ihr Artdirector einander meist nachts – per SMS – erzählen. Sie verwandelt sich in Düfte, Keramiken und Stoffe. Der Lieblingsduft der dynamischen Agnès – und emblematisch für das Haus – ist die Orangenblüte. Ihre Leidenschaft, neben Reisen und Büchern, ist das Sammeln funkelnder Parfumflakons und Riechfläschchen. Sie mündete in dem Ausbau des Musée du Parfum, dem ältesten Parfummuseum der Hauptstadt. Es liegt in Schrittweite des Pariser Firmensitzes. Die Flakons und ihre Etiketten sowie die alten Herstellungsverfahren verbreiten Nostalgie. In der hauseigenen kleinen Parfumschule werden seit 2016 auch Vorträge über den Duft gehalten.

Das jüngste Parfummuseum ist das Grand Musée du Parfum in der rue du Faubourg Saint-Honoré. Es ist ein echtes Kind des 21. Jahrhunderts – avantgardistisch in Architektur, Museumsdidaktik und Technik. Im Dezember 2016 wurde es mit viel Pomp und Presse eingeweiht. Die Duftorgel liegt in einer Dunkelkammer. Sie bietet ein Schauspiel, das alle Sinne bedient. In den Untergeschossen wird Parfumgeschichte multimedial aufbereitet. Der Akzent liegt auf der französischen Parfumgeschichte – und den Frauen. Das 21. Jahrhundert und der Vormarsch der weiblichen Nase werden hier thematisch abgedeckt. Frankreichs »Parfumimperialismus« auch. Den Begriff verwendet *parfumeur*

Jean-Claude Ellena halb lachend, halb kritisch. Gemeint ist die kommerziell aggressive, aber dennoch friedliche, duftende Welteroberung durch die französische Nation. Der zweite Parfumimperialist sind übrigens die USA.

Ein besonderes Parfum weht vor den Toren von Paris. In Versailles, versteckt in der rue du Parc, liegt die Osmothèque. Es ist das einzige Duftarchiv der Welt. Wer schnuppern möchte, wie Napoléons zitroniges *eau de toilette* roch oder das viel beschworene »Reine d'Hongrie« muss sich vorher anmelden. In Versailles kämpft auch ein Duftkomitee unter Präsidentin Patricia de Nicolaï um die Anerkennung des *parfumeurs* als Künstler. Ein Künstler, der sein Werk auf dem Etikett signieren darf, wie ein Autor sein Buch. Ein Künstler, dessen Handschrift nicht nur den Duft, sondern auch den Flakon ziert. Wenn »Rose Oud« die Straßen von Paris im 21. Jahrhundert durchweht, sollte man wissen, welch feine Nase dahinter steckt.

Ein Parfum »Paris«, wie im Vorwort erwähnt, gibt es übrigens wirklich. Sogar zweimal. In den zwanziger Jahren des 20. Jahrhunderts schuf Bourjois ein erschwingliches »Soir de Paris«. Jahrzehnte später komponierte Yves Saint Laurent (1936–2008) sein Paris-Parfum. Es war seine Liebeserklärung an die Stadt, die ihm, dem in Algerien Geborenen, zum Erfolg verhalf. Er widmete sein »Eau de Paris« und »Parisienne, Eau de Parfum« der Frau mit dem Pariser Chic, mit dem gewissen Etwas, der undefinierbaren, aber latent spürbaren, modisch sichtbaren und so typischen Pariser Note.

Aber das echte Parfum von Paris liegt letztlich in der Pariser Luft. Es komponiert sich aus männlichen und weiblichen Nasen und vielem mehr. 2017 bestand das *bouquet* aus starkem »Rose Oud« bis zu dominierenden Autoabgasen. Manchmal stinkt das Parfum von Paris – wie im Mittelalter – zum Himmel.

Die Académie Française – Nur der Artikel ist weiblich

Über eine konservative Institution Frankreichs

Hélène Carrère d'Encausse, ursprünglich Dencausse, ist eine quirlige, energische Frau. Klein und zart, aber machtvoll und nicht immer kommod. Neidisch blicken Ambitionierte auf die zahlreichen politischen und repräsentativen Ämter, die sie, ein Kind georgischer Immigranten, in ihrem bewegten Leben innehatte und innehat. Ein Amt ist ihr besonders wichtig: Sie ist der Secrétaire perpétuel de l'Académie Française. Richtig gelesen: »der«. Als sie von der Mehrheit der Herren der Akademie in das bedeutende Amt gewählt wurde, bestand sie darauf, ja kämpfte sie geradezu darum, den männlichen Artikel der honorigen Berufsbezeichnung »Sekretär« für sich beizubehalten. Schade eigentlich. Als erste Frau in dieser Funktion in der fast vierhundert Jahre alten Geschichte der Académie hätte sie eine Chance gehabt, noch mehr Geschichte zu schreiben. Sie hätte für ihr Geschlecht eine Bresche der Anerkennung schlagen und einen Akt weiblicher Selbstverständlichkeit demonstrieren können. Die Herren schienen damals durchaus nicht abgeneigt, ihre, Hélènes, Weiblichkeit grammatikalisch zu unterstreichen. In den Augen der um Gleichberechtigung kämpfenden Frauen war es eine vertane Chance.

Aber der Mai 1968, der Feminismus, das noch immer stattfindende Ringen um Gleichberechtigung schienen an der Historikerin wie ein Kelch unberührt vorübergegangen zu sein. Nicht umsonst ließ sie sich ausgerechnet an die Spitze einer höchst konservativen Einrichtung wählen. Aufgabe der Académie Française ist es, über die französische Sprache zu wachen, sie zu pflegen, zu bewahren, vor allem aber vor der Invasion fremder Vokabeln und sogenannter Unwörter zu schützen. Der bekämpfte Hauptfeind Nummer eins ist traditionell Amerika und die Amerikanisierung. Mit Blick auf die Sprache ist es die Anglisierung. Es scheint eine Sisyphusarbeit im Zeitalter der Globalisierung und Social Media. Aber die Académie Française gibt nicht auf. Es ist ihr Job.

Für Hélène Carrère d'Encausse war es eine Wahl auf Lebenszeit. Pech gehabt. Pech für die anderen. Als sie 1999 ihr prestigereiches Amt antrat, war sie gerade mal siebzig und seit neun Jahren Académie-Mitglied. Inzwischen ist sie über achtundachtzig Jahre alt und ihr Auftreten bei Vorträgen attestiert Vitalität. Wenn sie nicht von ihrer Funktion zurücktritt, wie es einige ihrer Amtsvorgänger taten, wird erst der Tod sie scheiden. Académie-Mitglieder werden in der Regel alt.

Die Institution besteht aus ehrwürdigen Herren und Damen. Das Durchschnittsalter wagt keiner zu errechnen, aber das Grau der Köpfe spricht für sich. Die Mitglieder arbeiten über das vorgeschriebene Rentenalter hinaus. Aber die Arbeit scheint weder nervenaufreibend noch anstrengend und der Arbeitsplatz an einem der schönsten Orte von Paris – dem quai de Conti – ausnehmend angenehm. Der Arbeitsrhythmus der Académie folgt monatlichen Sitzungen.

Frauen fallen bei diesen Sitzungen kaum ins Gewicht. Sie besetzen derzeit nur vier von vierzig Stühlen. Das ist gerade mal ein Zehntel! Die erste Frau in die Akademie holte Schriftsteller Jean d'Ormesson. Der Epikureer mit den veilchenblauen Augen und dem ewigen Sonnyboy-Lächeln liebte das Leben, die Literatur – und Frauen. Er verschaffte der emigrierten Schriftstellerin Marguerite Yourcenar 1980 die Aufnahme in die Herrenriege. Acht Frauen sind es bisher seit Gründung der Académie 1635 durch Kardinal Richelieu. Eine beschämende Zahl für ein Land, das seit Jahrhunderten talentierte Schriftstellerinnen wie Madame de Staël, Malerinnen wie Élisabeth Vigée Le Brun, Bildhauerinnen wie Camille Claudel, Wissenschaftlerinnen wie Marie Curie aufweist und dessen berühmte Sorbonne früher als andere europäische Universitäten Frauen zum Studium zuließ.

Auch wenn es ab und zu links wählt und sich in Streiks und Revolutionen übt, ist Frankreich im Herzen konservativ. Die Franzosen sagen von sich selbst, ihre Republik könne nicht gelingen, da sie noch immer um die Hinrichtung ihres letzten legitimen Königs trauern. Das klingt wie nicht verarbeitete Nachwehen von 1789ff. Kein Psychologe scheint hier zu helfen. Allenfalls ein starker Präsident, der sich mit monarchischen Statussymbolen umgibt. Präsidenten wie Général De Gaulle, Jacques Chirac,

François Mitterrand und Emmanuel Macron haben in dieser Hinsicht die Seele der Franzosen verstanden. Versailles als Zentrum königlicher Macht.

Zurück zum weiblichen Geschlecht. Länger als in anderen Ländern mussten französische Schriftstellerinnen zu Pseudonymen greifen, um zu publizieren. George Sand war im 19. Jahrhundert der Deckname für Aurore Dupin. Und sie die Geliebte und Förderin von Frédéric Chopin, Franz Liszt und Alfred de Musset. Schriftstellerin Colette signierte zu Beginn des 20. Jahrhunderts ihre skandalumwitterten Claudine-Romane zunächst mit »Willy«. Willy war der Name ihres Mannes. Später als in anderen Ländern, 1944, erhielten die Französinnen das Wahlrecht. Bis 1965 durften sie ohne die Erlaubnis ihres Ehemannes weder arbeiten noch ein eigenes Bankkonto haben. Ab 1967 durfte sie an der Börse spekulieren, ab 1975 die höhere Schulbildung, »l'enseignement supérieur«, frankreichweit und gleichberechtigt erlangen. Aber erst 2013 wurde das gesetzliche Verbot für Frauen »Hosen zu tragen« außerhalb von Aktivitäten wie Ski- oder Fahrradfahren oder beim Reiten abgeschafft. Die Hose galt bis dahin für eine Frau als »Transvestitenverkleidung«. Dass Frauen schon in den zwanziger Jahren die Hosen anhatte und diese Beinbekleidung dank *couturier* Yves Saint Laurent nach dem Zweiten Weltkrieg eine modische Hochblüte erlebte, verhinderte das Gesetz nicht. Begeistert und nichtsahnend standen die Französinnen bis ins 21. Jahrhundert mit einem Hosenbein im Gefängnis. Das Gesetz war alt und hielt sich zäh. Wahrscheinlich war es auch einfach in Vergessenheit geraten. Es stammte vom 7. November 1800, nach dem damals gültigen Revolutionskalender vom 16. Brumaire Jahr IX.

Warum also sollte ausgerechnet die Académie Française fortschrittlicher sein? Dass auch sie der Reformen bedarf und sich zeitgemäßer positionieren muss, belegt ein Briefwechsel von 2017. Noch im Oktober 2017 ließ die Akademie verlautbaren, eine »inklusive Schreibweise« sei eine »tödliche Gefahr«. Für wen? Das wurde selbst einem betagten Herrn, Bertrand Louvel, zu bunt. Der Präsident der Cour de cassation, des Obersten Gerichtshofs, griff zur Feder und forderte die Académie schriftlich auf, ihre Ansichten in der Diskussion um die Feminisierung von Titeln und Ämtern doch zu überdenken. Sein Argument: De facto hätten weibliche Bezeichnungen von Titeln und Ämtern im öffentlichen Dienst und in der Jurisprudenz schon Einzug gehalten.

Zum Zeitpunkt des Briefwechsels war der Kritiker fast siebzig. Die Antwort des zwanzig Jahre älteren erzkonservativen Sekretärs Hélène Carrère d'Encausse der Académie Française klang gespreizt, vorsichtig, vielleicht auch irgendwie weise. Sie antwortete, die »Académie Française« werde sich »der Frage der Feminisierung angesichts der Entwicklung der Gepflogenheiten annehmen«. Mit anderen Worten, die Académie Française werde nachdenken. Wenn die Académie sich jedoch nachdenklich mit einem Thema befasst, kann das dauern.

Während in anderen Ländern bereits die Gender-Diskussion um das dritte Geschlecht schon heftig entbrannte und erste Formulare mit drei Geschlechtern gedruckt wurden, um in einem zweiten Schritt über die geschlechtslose Bezeichnung von Ämtern nachzudenken, wahrt die Académie kühles Blut. Sie ist in der Gender-Diskussion einen großen Schritt zurück, aber ganz entspannt. Das Leben für die Institution an der Seine scheint ein langer, ruhiger Fluss. Immerhin hat sie Internet, zeigt sich auf Facebook, twittert und besitzt sogar einen eigenen Info-Sender, *Canal Académie*. Der Name ist hier Symbol: Der Sender kanalisiert die Wissenschaft. Er lenkt sie in gemäßigte, gerade Bahnen. Anders als die Seine, die, wie ein Fass, manchmal überläuft. *Canal Académie* wurde von einem Mann gegründet. Seine Sekretärin ist eine Frau.

Le Parisien – gesucht, gefunden

Das Pendant zur Parisienne von Modecoach Inès de la Fressange

Endlich ist er da. Unverhofft und doch irgendwie schon lange erwartet. Ein Bild von einem Mann – *le Parisien* – geschaffen für die *Parisienne*. Geboren wurde er Mitte Oktober 2017 im renommierten Verlagshaus Flammarion. »Der« beziehungsweise »Die Pariser« war der Titel einer Anziehbibel für den Mann an der Seine. Top-Mannequin, Mode- und Schmuckdesignerin, Allroundstylistin Inès de la Fressange hat die reich illustrierte Modebibel zusammen mit Journalistin Sophie Gachet verfasst. »Sie ist die lustigere von uns«, gesteht Inès de la Fressange neidlos im Fernsehinterview bei der Präsentation des Buches. Dabei kann Mode, wie sie selber sagt, so lustig sein. Vorausgesetzt, man versteht es, sich gut anzuziehen. Und das kann bei Weitem nicht jeder.

Jahrzehntelang, ach was, eigentlich bereits seit dem 19. Jahrhundert, in dem sich die Mode, die Kreation, der Kommerz und die ersten Kauftempel in Paris konzentrierten, war die Pariserin ein verehrter Mythos.

Émile Zola beschrieb die ersten Kaufhäuser als Einrichtungen zur »Freude der Damen«, »Au Bonheur des Dames«. Beschworen wurde die *Parisienne* in der internationalen Literatur. Der Pariser, merkten französische Schriftsteller im 19. Jahrhundert an, durfte aus der Provinz in die Hauptstadt kommen, also ein Zugereister sein. Die Pariserin aber musste in Paris, genau genommen im achten *arrondissement* geboren sein und im parc Monceau grazil mit ihrem Reifen gespielt haben. Der Mythos wurde im 20. Jahrhundert von Frauenzeitschriften wie *Elle* aufgegriffen und hochstilisiert. Die Pariserin wurde exklusiv von Pariser Modeschöpfern eingekleidet und Ende des 20. Jahrhunderts jahrzehntelang von Modell Inès de la Fressange verkörpert. Nur ganz nebenbei erfährt man, dass das für französische Körpermaße überdurchschnittlich hoch gewachsene brünette Mannequin eigentlich Halbargentinierin ist und aus der Provinz um Paris, also nicht einmal aus der Hauptstadt stammt. Sie war eine Dorfpflanze aus Septeuil. Sie wuchs – gerne – auf dem Land auf, besuchte als einziges Mädchen eine Jungenschule, in der die männlichen Gesetze ritterlicher Tafelrunden herrschten, bevor sie in ein religiöses Mädchenpensionat kam und unter »einigen Zicken«, wie sie lacht, lebte. Mit diesem doch recht außergewöhnlichen Profil setzte ausgerechnet sie die Maßstäbe für die Pariserin, an der diese fortan gemessen wird.

Und da Inès auch noch klug ist, reichten ihr die Laufstege nicht. Die Chanel-Ikone kreierte ihr Schmuck-Label, ging Pleite, designte für andere Firmen, kehrte dank finanzstarker Investoren in die Modekreation zurück und zog, verwitwet, zwei inzwischen ebenfalls modelnde Töchter groß. Schließlich verlegte sie sich auch noch aufs Schreiben. Zu ihrem Business-Portfolio gehören witzige, poppige

Moderatgeber. Stil »Good Look« oder »Wie kleide ich mich heute?«. Es sind Ratgeber für die moderne Frau und ihren Kleiderschrank. Fummel und Ratschläge für alle Lebenslagen. Beim Termin mit ihrem Banker, sagt sie, darf das Dekolleté durchaus tiefere Einblicke gewähren. Bei der Bitte um Gehaltserhöhung ist jedoch keinesfalls »Bling-Bling«, sondern modisches Understatement angesagt. Vor dem Scheidungsgericht sind schwarze Schuhe und ein schwarzer Blazer angebracht. Vielleicht um dem Richter und dem angehenden Ex einen letzten Hauch von Trauer zu signalisieren. Leggings sind für Inès de la Fressange vollkommen out und in der Garderobe und am Körper strikt verboten. Im Interview werden sie von der Modeberaterin als »völlig deplatziert« kategorisch verworfen. Wie viele Frauen sind also nicht Pariserinnen?

Inès' Moderatgeber wurden internationale Bestseller. Die Nachfrage nach dem Look und Wesen der *Parisienne*, die sie entschlüsselte, war groß. Russinnen, Japanerinnen, Deutsche, Österreicherinnen oder Amerikanerinnen kauften das Buch.

Und dann kam endlich, im Herbst 2017, *der* Mann. *Le Parisien!* Nicht das gleichnamige französische Boulevardblatt, das gab es schon seit 1944. Gemeint ist der modische Zwilling der *Parisienne*, ihr männliches Pendant. Das Brevier erschien sofort auf Englisch. Amerikaner und Engländer schienen sehr erpicht darauf zu erfahren, was das einst starke, inzwischen angenehm geschwächte Geschlecht zu tragen habe, um als echter IN-Pariser zu gelten. Die Fallbeispiele wurden mit dem Zeichenstift illustriert und Freunde der Autorinnen für das blaue Büchlein abgelichtet. Irrtümer bei heiklen Garderobefragen werden nicht mehr geduldet. Tipps für angesagte Restaurants runden das Büchlein ab. Brasserien, in die der *Parisien* gerne gehen kann, um seinesgleichen zu treffen. Und um seinen Hunger nach Mode zu stillen.

Le Parisien! Das weibliche Geschlecht geriet bei seinem Erscheinen ins Schwärmen. Pariser Journalistinnen texteten begeistert: »Endlich hat sie, Inès, auch die Männer in Griff.« Besser gesagt im Visier. »*Enfin, elle s'attaque aux hommes.*« Im Frühstücksfernsehen schwärmte eine sympathische, jedoch sehr unmodisch und altbacken gekleidete Reporterin: »Endlich hat jede Frau einen schönen Mann im Haus.«

Ein halbes Jahr später fragt frau sich jedoch noch immer: Wo ist eigentlich der modische Pariser? Gemeint ist doch wohl nicht der kleine, durchschnittlich 1,79 Meter große Franzose? 83,3 Kilogramm soll er wiegen. Im Pariser Straßenbild, in der Politik und bei *dîners*, scheint er oft unter dem statistischen Durchschnitt zu liegen. Auch ähnelt er selten dem von Inès de la Fressange beschriebenen schick gekleideten *Parisien*. Obwohl ihre modischen Grundregeln für den Mann leicht zu befolgen wären: Trage niemals weiße Socken oder kurzärmelige Hemden; kombiniere Edles mit Einfachem. Etwa einen kamelfarbenen Kaschmirmantel mit schwarzen Jeans. Das weiße Hemd darf unter einem Pullover mit rundem Ausschnitt durchaus hervorgucken. Welche Freiheit hat doch der Pariser! Ein Wiener oder Münchner muss sein Hemd noch ordentlich in die Hose stecken, um als adrett zu gelten.

Beruhigend einfach klingt auch Inès' oberstes Modegebot: »*Ne pas se compliquer la vie.*« Sich das Leben nicht kompliziert machen. Diese Regel gilt ja auch für die *Parisienne*. Trifft der französisch durchgestylte *Parisien* den internationalen Frauengeschmack im selben Maße wie die mit ihrem Outfit spielende *Parisienne?* Deren Luxusklamotten, Hermès-Halstücher und Seidendessous lassen ja angeblich die Männer rund um den Globus träumen.

Le Parisien konkurriert jedenfalls mit dem englischen Gentleman. Dessen geputzte Lederschuhe, Einstecktüchlein und Look in Tweed haben einen gewissen Sex-Appeal. Konkurrenz ist auch der italienische Apollo, eingekleidet in der Mailänder Metropole. Oder der cool gestylte intellektuelle New Yorker.

Das Erscheinen des Buches setzte die Pariser jedenfalls in Zugzwang. Ihr Portemonnaie auch. Sich in Frankreich modisch zu kleiden und zu parfumieren bleibt teuer.

Le Parisien! Um seinen Marktwert zu erkunden, sollten französische Zeitschriften wie *Elle* und *Marie-Claire* oder extravagantere wie *Vanity Fair* vielleicht die Frau befragen: Stehen Sie auf den *Parisien* oder nicht? Welchen modischen Mann möchten Sie als Begleiter? Zu gewinnen: eine Reise zu zweit in die Modemetropole Paris. Und eine Styling-Beratung von Inès de la Fressange.

Aber was, wenn Pariser zu sein letztlich nichts anderes bedeutet als Pariserin zu sein? Nämlich eine Geisteshaltung. Paris ist eine Stadt von Einwanderern. Auch von Einwanderern aus der französischen Provinz. Von Franzosen, die hoch- oder runtergewandert sind in die Metropole, wie man hier sagt: »*Ils remontent à Paris, ils descendent à Paris.*« Eine Stadt mit Immigranten aus aller Herren Ländern. Die Autorin zählt auch dazu.

Le Canard enchaîné

Eine gefesselte Ente entfacht die schönsten Skandale

Es ist eine feine Adresse, die rue Saint-Honoré 173. Schick und edel. Ein paar Etagen höher, im selben Haus, schwindet der Glamour. Dafür schwelgt der Geist. Der Geist der »gefesselten Ente«, wie sich das von Politikern gefürchtete Blatt *Le Canard enchaîné* nennt. *Canard* bedeutet nicht nur Ente, sondern umgangssprachlich auch »Zeitung«. Dann aber eher abwertend. Von der Satirezeitung wird es als Aufwertung verstanden. Tatsächlich ist das ein leicht übertriebenes Understatement.

Vor dreißig Jahren hing noch dichter Rauch über den Redaktionsbüros der Ente, haftete an den Kleidern der Reporter und Redakteure, hing über Tischen, Böden und Regalen, klebte an scheinbar achtlos verstreuten Dossiers. Bis ein Gesetz das Zigarettenrauchen in öffentlichen Räumen und am Arbeitsplatz verbot. Der Qualm ist verzogen, der Eindruck des heillosen Durcheinanders blieb. Stapel alter Ausgaben der Zeitung säumten sämtliche Blickwinkel. Das Zeitalter der Digitalisierung hat an diesem Ambiente nicht viel geändert. So wenig wie sämtliche Launen und Veränderungen der Französischen Republik, sämtliche (in-)direkten Angriffe diverser Regierungen und einzelner Politiker auf die Pressefreiheit, so wenig wie die Finanzkrisen, die anzeigenabhängige Medien in ihrer Meinungsfreiheit bedrohen. Der *Canard* ist die einzige Wochenzeitung Frankreichs, die ohne Anzeigen auskommt, ja diese noch nie in seinen Seiten akzeptierte.

Dafür ist der Platz auf den acht schwarz, weiß und rot gedruckten Seiten zu kostbar. Und dafür sind die Journalisten, die hier arbeiten, viel zu stolz auf ihre Unabhängigkeit und die in der *constitution* verankerte Meinungsfreiheit. Als einzige Zeitung Frankreichs pflegt *Le Canard* einen investigativen Journalismus amerikanischer Art. Und das seit mehr als hundert Jahren. Die Zeitung wurde am 10. September 1915 gegründet. Schon damals als Satireblatt mit ernstem Hintergrund.

Der *Canard enchaîné* fungiert als selbsternannter Hüter der Werte der französischen Republik. Er ist der Ankläger von Missständen und Missetaten. Seine Waffen sind Humor und Satire. Die Ente zieht nie selbst vor Gericht. Das tun andere für sie. Jene, die sich betroffen fühlen. Doch da die Berichte extrem gut recherchiert sind und die über das ganze Land verteilten Informanten sehr gut informieren, gewinnt der *Canard* die meisten Prozesse. Das Einzige, was er dabei verliert, ist die kostbare Zeit für neue Recherche.

Ob Fußball, Formel 1, Olympische Spiele, Literatur, Politik – die Ente schafft Skandale, deren Vorlagen das skandalöse Verhalten und die Grauzone anderer sind. Die Aufdeckung des fast zehntausend Euro teuren Friseurs von Staatspräsident François Hollande zum Beispiel. Oder »Penelopegate« über das der Wahlkampffavorit François Fillon im Frühjahr 2017 stürzte. Die Ente quakte die olympisch hohen Gehälter der Pariser Organisatoren der Sommerspiele 2024 gleich nach Zusage durch den IOC in die Welt. Die Ente entdeckte die undeklarierten Steuern eines früheren Präsidentschaftskandidaten Jacques Chaban-Delmas und bekleckerte den teuren Sportdress des OM Marseille. Die Ente reist von Paris bis nach Französisch-Polynesien und watschelt bis in den Vatikan.

Kurzum: Die »gefesselte Ente« lässt sich nicht fesseln. Beliebt bei den Lesern und gefürchtet von Politikern aller *couleurs*. Wie beliebt das Blatt ist, erfuhr ich im Zug von Paris nach München. Es war Mittwoch. Ich hatte die neueste Ausgabe gelesen und in die vordere Sitztasche meines TGV-Platzes gesteckt. Ein älterer Mann in Cordhose, kariertem Hemd und mit zerfurchtem Gesicht steuerte auf mich zu. »Fertig? Brauchen Sie die Ente noch?«, fragte er vorsichtig. »Nein«, antwortete ich höflich. Und da ich verstand, was er wollte: »Sie können sie haben.« »Danke. Wissen Sie«, fuhr er verlegen fort, »ich verdiene nicht viel. Meine Rente liegt unter dem Mindestlohn, dem SMIC.« »Was war denn Ihr Job?«, hakte ich skeptisch nach. »Bio-Bauer in der Ardèche.« Kurze Pause. »Aus Überzeugung. Und als Achtundsechziger.« Der miese Lohn für die unseren Planeten rettende Arbeit wäre wohl ein gefundenes Fressen für die Ente. Claude Angeli, langjähriger Chefredakteur des *Canard enchaîné*, nennt so etwas in seinen Memoiren *»les plaisirs du journalisme«*, die Freuden des Journalismus.

»Un espress', s'il vous plaît« – Wenn das so einfach wäre

Auf der Suche nach der verlorenen Poesie des Cafés

Also, einen Einspänner bekommen Sie garantiert nicht in Paris. Eine Wiener Melange schon eher. Aber auch das nur vereinzelt bei Dalloyau im Studio Harcourt oder im stilvollen Teesalon Angélina in der Pariser rue de Rivoli oder im Schlossgarten von Versailles, dessen hauseigene heiße Schokolade jedoch besser schmeckt. Aber für ein Wiener Kaffeehaus-Nationalgetränk fahren Sie ja auch nicht nach Paris.

Was Sie nach langem Fußmarsch durch die Hauptstadt begehren, ist vielleicht ein kleiner *espress'*, ein *café allongé* oder ein *grand-crème* – mein französisches Nationalgetränk. Ob Sie das bekommen, ist jedoch genauso fraglich wie besagter Einspänner. Aus anderen Gründen. Normalerweise gehen Sie hierfür in ein *bistrot*, das mit seiner urfranzösischen Küche am Aussterben ist, oder direkt ins *café*. Der Unterschied zwischen beiden ist gering bis nicht vorhanden.

Ein *bistrot* bietet in der Regel eine Karte mit traditioneller Küche und einem Tagesgericht, dem *plat du jour,* an. Ein *café* hat dies nicht unbedingt. Das *bistrot* hat auf seiner Speisenkarte traditionelle französische Küche wie *steak frites, tartare, omelette* oder

Salate, wie etwa die beliebten *salade César* und *salade niçoise*. Ein *café* hat nicht immer eine Speisekarte. Im *café* bekommen Sie dafür morgens Frühstück mit *croissant*. Frühstück im *bistrot* ist weniger üblich. Wenn Sie sich also mit dem Reiseführer in der schwitzenden Hand erschöpft auf das Gestühl eines *cafés* sinken lassen und einen Mokkatässchen Kaffee bestellen wollen, wird der Dialog voraussichtlich wie in einem schlechten Theaterstück oder einer guten Boulevardunterhaltung verlaufen:

»*S'il vous plaît!*«

Der Kellner in dem mit den hübschen, geflochtenen, typisch französischen *Bistrot*-Stühlen ausgestatteten *café* an der place de l'Étoile eilt an mir vorbei.

»*Monsieur …*«

Der Kellner eilt in die andere Richtung. So ein *Bistrot*-Stuhl zu Hause wäre doch eine schöne Erinnerung, denke ich mir.

»*Monsieur, s'il vous plaît!*«

Wieder würdigt mich der Ober in den besten Jahren keines Blickes. Geschäftig balanciert er das runde Tablett einhändig über seinem Kopf, als ob es eine Zirkusnummer wäre. Er leert die Ascher, zerknüllt liegen gebliebene Rechnungen und missachtet geflissentlich den Kunden.

Zwei *Bistrot*-Stühle wären sicher gemütlicher, beschäftige ich mich. Jedenfalls wären sie eine einmalige Deko für ein Frühstück zu Hause mit duftenden Butter-*Croissants* und dampfendem Kaffee. Daheim morgens um acht. (M)ein frisch rasierter, ebenfalls betörend duftender Mann neben mir sitzend. Oder wie wäre es, auf diesen schönen Stühlen nachmittags in Balkonien zu dösen, mit einem handaufgeschäumten Cappuccino vor sich und der besten Freundin, die sich nur leicht verspätet?

»*Un crème, s'il vous plaît.*«

Noch immer schaltet der Kellner die Ohren auf Durchzug.

Vielleicht ist er auch wirklich taub. Sein Problem. Ich mag nicht mehr. Keinen *crème*, keine *Bistrot*-Stühle, kein Pariser *café*. Und schon gar nicht diesen Kellner. Ich stehe auf, nehme meine mohnblumenrote Computertasche. Und siehe da. Wer steht plötzlich, ungerufen, neben mir? Der Kellner.

»*Vous avez décidé?*«

Und ob ich mich entschlossen habe!

»*Qu'est-ce que vous prenez?*«

»*Rien!*«

Ich zögere eine kurze Sekunde, schwanke zwischen Sehnsucht nach *crème* und Prinzipien. Das Prinzip siegt. Ich gehe davon.

»*Ça alors!*«, ruft der Kellner scheinbar entrüstet und allseits hörbar hinterher. Und sieht dabei sehr zufrieden aus.

Seit Jahren sind die französischen Zeitungen in der sogenannten Saure-Gurken-Zeit, also Juli und August, voll mit Berichten über unzufriedene Touristen. Ganz oben auf der Beschwerdenliste stehen die Japaner. Sie gelten als die Gentlemen Asiens. Sie sind also besonders höflich und rücksichtsvoll. Entsprechend groß ist der Kulturschock zwischen dem disziplinierten Tokio und dem undisziplinierten Paris. Japaner fühlen sich von den rüden

Franzosen – muss man Pariser sagen? – geschubst, gemaßregelt, unverstanden, kurzum misshandelt. Amerikaner sind härter im Nehmen. Aber auch sie beklagen sich, dass kein Franzose, aber auch gar kein Franzose im Alltag Englisch spricht. Sie haben recht. Der Franzose radebrecht Fremdsprachen. Leider verstehen Franzosen auch schwer ihre eigene Muttersprache, wenn sie mit englischem oder anderem fremd klingenden Akzent vorgetragen wird.

»Än cafäa, si wu plääää.« So etwas klingt gar nicht gut im französischen Ohr. Es beleidigt den Kellner, der solche schlecht gesprochenen Sätze höflich, aber beharrlich ignoriert. Oder bestenfalls im Zuge einer potenziellen Bestellung unhöflich korrigiert.

Frankreich, das wissen aber auch seit 1789 die Franzosen, ist kein Land der Dienstleistungen. Paris noch weniger. Frankreich ist ein Land der Könige. Verkannter Könige. Ein Kellner ist ein verkannter König und die Verkäuferin im Bekleidungsgeschäft eine verkannte Prinzessin. Der Kunde ist ihr Untertan. Und da der Kunde in der Regel oft auch ein Tourist ist, ist der Tourist ein zukünftig verlorener Untertan vieler regierender, wenngleich ungekrönter französischer Könige. Der Tourist dreht Paris missmutig den Rücken und kommt nicht wieder.

Um im *café* besser behandelt zu werden, gibt es nur einen Ausweg: Der Tourist muss zum Wahlpariser werden, sich in der Hauptstadt für längere Zeit niederlassen. Wird er zum Stammkunden im *café* rechts unten am Eck und bestellt jeden Tag den gleichen kleinen schwarzen *café sans sucre,* entsteht eine Beziehung, deren Fundament Gewohnheit ist.

In den Augen des Kellners wird es eine Beziehung ohne Forderungen und Befehle. Nach etwa einem halben Jahr wird der fremde Wahlpariser – mit etwas Glück und Wohlwollen – zum König gekrönt. Gekrönt vom Kellner. Jetzt gibt es zwei ebenbürtige Könige, die sich freundschaftlich übers Wetter und andere französische Missstände beklagen können. Nun haben Sie das heutige Paris und seine besondere *Café*-Kultur verstanden.

Vorbei ist die besungene Poesie des *cafés*. Vergangenheit. Fast dreihundert Jahre hielt sich der *flair* dieser Institution. Das erste Pariser Kaffeehaus, Le Procope, war ein Importprodukt. Der Gründer Francesco Procopio dei Coltelli, 1686, ein edler Italiener. Er bot in der *rive gauche,* also im linken, südlich der Seineufer gelegenen Teil von Paris Eiscreme, deftige Speisen und vor allem geistige Nahrung, denn die Literaten und Philosophen von damals machten aus Le Procope einen Debattierklub. Im 18. Jahrhundert, dem *siècle des lumières,* trafen sich dort Aufklärer wie Diderot, Voltaire und Jean-Jacques Rousseau. Ebenso Politiker. Napoléon Bonaparte – da war der Korse noch nicht an der Macht und auf Feldzügen in ganz Europa unterwegs – setzte sich ebenfalls ins berühmte Procope. Dann kam der Niedergang, die Revolution war längst vorbei, und irgendwann, Mitte des 20. Jahrhunderts, die Neubelebung der Institution dank der Existenzialisten. Zu ihnen zählten die Schriftsteller und Philosophen Jean-Paul Sartre, Albert Camus, Simone de Beauvoir. Sie machten das Café des Lilas und das Café de Flore im hübschen *arrondissement* Saint-Germain, links der Seine, berühmt. Heute sitzen vor allem Touristen in diesen *cafés*. Die Philosophen tragen ihre geistigen Gefechte lieber in den Medien aus, in Tweets und Facebook-Kommentaren. Das geht schneller und hat weltweite Wirkung.

Will man im *café* Pariser Berühmtheiten treffen, muss man ihre Wohnorte kennen. Leichter ist es mit den Stars aus Hörfunk und Fernsehen. Ihr Stamm-café befindet sich in der Regel nicht weit vom Sender. Für *M6* ist dies der schicke Vorort Neuilly-sur-Seine, Métro-Station Les Sablons. *Radio Europe 1* hat sein *café* nahe der idyllischen rue François 1er. Den Fernsehsender *TF1* kann man für dieses Unterfangen getrost vergessen. Er liegt in Boulogne-Billancourt, also zu weit draußen.

Sehen und gesehen werden. Die alten Zeiten des guten *cafés* sind vorbei. Was bleibt, ist überlieferte Nostalgie und die Hoffnung auf einen guten *espress'*.

Bekommt man letztlich doch noch den erhofften *crème*, droht einem in Paris angesichts der Rechnung, *la note*, der letzte Schluck im Halse stecken zu bleiben. Ein *grand-crème* oder eine heiße Schokolade, *un chocolat chaud*, sitzend auf einer Terrasse getrunken, kann hier locker bis zu sieben Euro kosten. Fast so viel wie ein halbes *menu*, das es schon als *entrée et plat* oder *plat et dessert* für fünfzehn Euro gibt. Am Stehtresen ist das Kaffeetrinken preiswerter, aber anstrengender.

Vielleicht lohnt sich doch die Investition in zwei geflochtene *Bistrot*-Stühle, den runden einbeinigen Tisch mit seinem gusseisernen Fuß und der weißgrau marmorierten Tischplatte. Zu Hause hingestellt und ein Plakat des Eiffelturms an der Wand schaffen sie ungetrübte Freude. Und der Service ist besser.

Trotz düsterer Töne bleibt etwas von der Pariser *Café*-Poesie zum Glück erhalten: es sind die wundervollen Namen der *cafés* und *bistrots*. Crève-Vin, der Weinbrecher, neben dem Crève-Cœur, dem Herzensbrecher; Les Antiquaires, im Antiquitätenhändlerviertel, Les Marronniers, unter Maronenbäumen. Verheißungsvoll klingt doch Aux deux amours, Zu den zwei Lieben. Welche wohl gemeint sind? Das muss der Gast für sich entscheiden.

Der Fantasie der Namensgebung sind jedenfalls keine Grenzen gesetzt. Ein aufgesetzter Hauch von Poesie ist geblieben.

Shakespeare & Co, La Hune, Deyrolle, Galignani und WHSmith

Eine kleine Kartierung berühmter Pariser Buchläden

Der Hundertjährige Krieg zwischen Frankreich und England dauerte genau hundertsechzehn Jahre. Zwei Dynastien, die Plantagenêts und die Valois, stritten sich um den französischen Thron. Die Folgen reichen bis in die Gegenwart: Seit dem 14./15. Jahrhundert benehmen sich Frankreich und England wie zwei grummelige, nachtragende »Erbfeinde«. Deshalb ist es ein Zeichen für Völkerverständigung, dass der große englische Dramatiker William Shakespeare Pate der kleinsten und berühmtesten Buchhandlung von Paris steht. Vielleicht sogar der erfolgreichsten, denn der Laden ist immer randvoll. Voll bis unter die Decke und in den hintersten Winkel. Voll mit Büchern zugestellt. Voll auch mit englischsprachigen Touristen, Anglophilen, Bibliophilen, Lutetia-Fans und Parisern. Alles drängt sich dicht und fröhlich auf geschätzten fünfunddreißig Quadratmetern. Anfangs, muss man korrekterweise sagen. Im 21 Jahrhundert war der Erfolg jedoch so groß, dass der Laden um mehrere zehn Quadratmeter und ein Café für die Literatur-Bohème erweitert wurde. Die Stadt an der Seine lebt von großen und kleinen Superlativen. Hauptsache, sie kommt ins Gespräch.

Gegründet wurde das ursprüngliche Shakespeare & Company 1919 in der rue Dupuytren von der Amerikanerin Sylvia Beach. Unterstützt von Adrienne Monnier aus den stillen Bergen Savoyens, die ihre eigene Buchhandlung, La Maison des Amis des Livres, schon seit 1915 in der nahe gelegenen rue de l'Odéon betrieb, zog die Beach mit ihrem Laden dorthin um. In dieselbe Straße, nicht allzu weit vom heutigen Standort, zog bald auch Shakespeare & Company. Gemeinsam gingen beide Damen als größte Literaturfreundinnen und -mäzeninnen der Pariser Zwischenkriegszeit in die internationale Literaturgeschichte ein. Jener Zeit, in der es an der Seine von Intellektuellen, von deutschen, österreichischen, südamerikanischen, amerikanischen, englischen Immigranten und Immigrantinnen, von Callgirls, Salondamen, Bankern, Glücksspielern, Korrespondenten, Literaten, Künstlern und Lebenskünstlern nur so wimmelte.

Ohne die sich für die Literatur aufopfernde Buchhändlerin Sylvia Beach gäbe es keinen »Ulysses« des schmalbebrillten Iren James Joyce. Sie glaubte an sein skandalöses Meisterwerk – und ruinierte sich mit der Veröffentlichung. Er dankte es ihr mit Verrat, indem er, vertragsbrüchig, die Rechte für das Buch an einen anderen Verleger weiterverkaufte und abkassierte. Nachzulesen nicht nur in ihren Memoiren. Zum Glück kamen auch treuere Literaten zu Sylvia Beach: der Amerikaner Ezra Pound, der Macho Ernest Hemingway, der Globetrotter und Poet Valery Larbaud und Paul Valéry. Ohne Sylvias Freundin und Weggefährtin Adrienne

Monnier gäbe es keinen André Malraux und auch keine Gisèle Freund. Die deutsche jüdische Immigrantin aus Berlin, Doktorandin und damals noch Fotografin aus Not, porträtierte mit ihrer kleinen Leica die späteren Literaturgrößen bei ihren Lesungen in der Buchhandlung Monniers. Der schon damals bekannte und hofierte Walter Benjamin lieh der jungen Gisèle Freund sein Gesicht vor der Kamera und korrigierte ihre Ansichten über Soziologie und Fotografie in ihrer Doktorarbeit. Benjamin half Freund damit auf dem Weg zum Ruhm. Aber es war das Foto von André Malraux, das sie wirklich populär machte. Das kam so: André Malraux hatte seine Auftritte im Maison des Amis des Livres. Für Verleger Gallimard brauchte er ein Foto und wandte sich an Gisèle Freund. Er war ein schwieriges, unruhiges Modell. Sie stellte ihn kurzerhand auf seinen Balkon, der Wind toste in seinen Haaren, riss ihm aber nicht die Zigarette aus dem Mund. So entstand das wunderbare Malraux-Porträt »les cheveux au vent« – mit den »Haaren im Wind« und einer *clope*, der Kippe im Mundwinkel. Echt cool würde man heute sagen. Es war ein reges Netzwerken an der bald kriegsgepeitschten Seine.

Wo diese kleinen Buchhandlungen liegen? La Maison des Amis des Livres gibt es nicht mehr – nur noch das verblichene Ladenschild. Das heutige Shakespeare & Company versteckt sich hinter einer kleinen, mit alten Steinen gepflasterten Terrasse mit wunderbarem Blick auf Notre-Dame. Im Sommer schafft Buchhändlerin Sylvia, Tochter des Amerikaners George Whitman, der den Namen Shakespeare & Company 1964 für seinen Buchladen, der ursprünglich »Le Mistral« hieß, übernahm, einen Teil der Bücher in Ständern nach draußen. Sie verschafft den Werken sozusagen die frische Luft, die drinnen so dringend fehlt. Im Winter sieht Shakespeare & Company nach einem geschlossenem Antiquariat aus. Die Fassade täuscht. Der neblige Dunst auf den Fensterscheiben stammt von der dampfenden kleinen Kaffeemaschine und den Bücherhungrigen im Innenraum. Wie gesagt – der Laden ist immer randvoll. Zumal in den oberen Stockwerken immer wieder bettlose englischsprachige Schriftsteller für ein paar Tage wohnen. Im Gegenzug müssen sie im Laden aushelfen und eine autobiografische Seite hinterlassen. Diese Art von Improvisation ist gewiss im Sinne Shakespeares.

Wenige Schritte weiter ist die Atmosphäre geräumiger und sachlicher. Eine kühle, kartesianische Rationalität zeichnet La Hune aus. Gegründet wurde La Hune als Buchladen-Galerie 1949 von Bernard Gheerbrant und Freunden. Nach einigen Umzügen wurde sie *die* Buchhandlung am boulevard Saint-Germain 170 und *die* Referenz von Saint-Germain-des-Prés für Philosophen wie Bernard-Henri Lévy, für Professoren, Wissenschaftler und in ihren Studien fortgeschrittene Studenten. La Hune polarisierte eine Kundschaft, die typisch für das Intellektuellen-Viertel Saint-Germain-des-Prés war. Gleichzeitig lag sie im Einzugsbereich der ehrwürdigen Alma Mater Sorbonne im Quartier Latin. La Hune blieb lange Referenz, geriet jedoch in finanzielle Schwierigkeiten. Am Donnerstag, dem 16. November 2017, ließ ein Feuer in der Galerie sämtliche Kunst- und Bucharchive in Flammen aufgehen. Im Nachruf mit Trauerflor hieß es tapfer: »Unsere Träume und unser Ehrgeiz für La Hune (…) haben sich jedoch nicht in Rauch aufgelöst.« Umgehend wurde mit den Aufräumarbeiten begonnen – und irgendwie ging es weiter.

Bunter wird es bei Deyrolle, gegründet 1831 und seit 1888 in der rue du Bac 46 ansässig. Auch hier gibt es skurrile, turbulente Geschichten zu erzählen. Protagonist ist der Wissenschaftler Jean-Baptiste Deyrolle. Ein passionierter Zoologe, der zuvorderst mit ausgestopften Tieren wie Löwen, Tigern, Mardern, rosa Flamingos, seltenen Muscheln und toten, aufgespießten Schmetterlingen handelte und in dem von ihm gegründeten Kuriositätenkabinett Wissbegierige anschaulich unterrichtete. Seine didaktischen Bücher waren schon damals schöne Objekte: bibliophil aufgemacht, reich illustriert. Nach fünf Generationen – nach Achille, Narcisse, Henri und Émile Deyrolle, alle Naturwissenschaftler wie der Stammvater – vegetierte der Laden nur noch vor sich hin und drohte, wie ein alter Koloss auszusterben. Doch 2001 kaufte Louis Albert de Broglie den Laden. Der abenteuerlustige Fürst, Schlossbesitzer und leidenschaftliche Tomatenzüchter ließ ihn wieder aufleben. De Broglie wurde Verleger, Galerist, Geschenkexperte für Kuriosa und – ein würdiger Nachfolger. Er leitet das Kabinett im alten Sinn, übernahm den Namen und die alte Fassade. Beide waren ein kommerzieller Garant, eine Art historische Bürgschaft. Die Buchhandlung Deyrolle ist für jeden Paris-*Flaneur* ein Muss, um den gewaltigen Fortschritt zu verstehen, den der Homo sapiens seit dem 19. Jahrhundert gemacht hat. Sowohl die Deyrolle-Editionen als auch die didaktischen Schulplakate sind ein hübsches Frankreich-Souvenir und sprachlich-naturwissenschaftliches Lehrwerk. Wer kein Geld für eine Safari in Botswana hat, kann hier sogar ein Selfie mit einem Löwen machen und diesen dabei lässig streicheln. In Paris ist alles möglich!

Korrekt wie ein Geograf begeben wir uns beim Kartieren legendärer Buchhandlungen auch auf das rechte Seineufer. Dort gibt es für Buchschatzgräber nur eine Adresse: Galignani! Galignani unter den eleganten Arkadenbögen. Das gediegene Galignani, das wie eine riesige englische Bibliothek aussieht. Galignani in der rue de Rivoli 224, unweit des nicht minder eleganten Hotel Meurice und anderer Fünf-Sterne-Luxushotels und natürlich der place Vendôme mit ihren hochkarätigen Juwelieren. Bei Galignani ist jedoch das Buch das Schmuckstück. Hier findet man die Bücherperle, den literarischen Diamanten, nach dem man lange vergebens suchte. Galignani ist mit seinen Holzvertäfelungen von 1830 so stilvoll und irgendwie so British! Die kompetenten, überaus hilfsbereiten, mehrsprachigen Angestellten zählen zu den bibliophilen Pariser Gentlemen im Umgang mit extravaganten Kunden und erlesenen Büchern. »Welche Ausgabe von ›The Wind in the Willows‹ soll es denn sein?«, erkundigt sich die Verkäuferin interessiert. Tja … »Vielleicht die mit den Originalillustrationen oder das neu aufgelegte Taschenbuch?« Beides ist vorrätig.

Galignanis Geschichte geht zurück ins gebildete 16. Jahrhundert. Anfangs ist der Venezianer Simone Galignani »nur« Verleger, aber pfiffiger Nutzer des erfundenen Buchdrucks. Eine lateinische »Grammatica« lässt ihn 1520 aufhorchen. Eine »Geografia« von Ptolemaeus 1597, mehrfach aufgelegter Bestseller, verhilft ihm zum Durchbruch. Seine Nachkommen verlassen Ende des 17. Jahrhunderts Venedig und brechen ins lukrativere London auf. 1801 schließlich gründen sie eine Buchhandlung in Paris. Es ist der richtige Zeitpunkt. Im 19. Jahrhundert wird Paris nicht nur von einer industriellen und mehreren politischen Revolutionen erfasst, sondern auch von einer Welle der Anglomanie. Galignani hatte zunächst nur eines von über vierhundert sogenannten Lesekabinetten, den *cabinets de lecture*, in die sich die Pariser setzen konnten, um Neuerscheinungen oder Journale durchzublättern. Bereits zu Zeiten der französischen Revolution gab es an die zweihundert solcher öffentlichen, kleinen »privaten« Lesekabinette. Sie expandierten mit dem Ende des Ancien Régime und verschwanden fast zeitgleich mit der Juli-Monarchie. Bürgerkönig Louis-Philippe sorgte für die Verbreitung und Erschwinglichkeit von Büchern, Schriften und Zeitungen. Allgemein zugängliche Bildung wurde unter ihm immens wichtig.

In Galignanis Kabinett gab es damals nur englische Lektüre. Der Verleger brachte ebenfalls das kleine Journal *Galignani's Messenger* für die englischsprachige Gemeinschaft in Paris heraus. Im *Messenger* schrieben der sensible Lord Byron, Dichter William Wordsworth, Historienromanautor Walter

Scott und Gesellschaftssatiriker William Thackeray. Sie waren zugleich Hausautoren des Verlegers. Mit Erfolg! 1856 zog Galignani unter die stilvollen Arkaden an die heutige Adresse. Verlag und Zeitung wurden zu Beginn des 20. Jahrhunderts eingestellt, aber die Buchhandlung blieb nach der Übergabe 1882 an den Neffen Charles Jeancourt-Galignani bestehen. Dessen Erben führen sie bis heute glamourös weiter. Und die schönsten Buchpräsentationen von Paris finden hier und nur hier statt. Der Zweite Weltkrieg brachte ungeplant eine Erweiterung des Sortiments mit sich. Die Beschaffung englischer Bücher war unter der deutschen Besatzung nicht möglich. Um zu überleben, bot Galignani neben französischen Büchern auch Kunstbücher an. Aus der Not wurde eine Tugend und ein kommerzieller Erfolg. Heute handelt Galignani mit einem umfassenden Sortiment französischer und englischer Literatur und ausgefallenen Kunstbüchern. Zu vernünftigen Preisen, was einen eigentlich daran hindern sollte, die wenigen Schritte weiter bis zu WHSmith, rue de Rivoli 248, zu gehen. Aber auch WHSmith gehört unbedingt auf die Karte berühmter Buchläden in Paris. Schließlich genoss die legendäre deutsche Schauspielerin Marlene Dietrich hier einen Tee. Woody Allen und andere Berühmtheiten taten es ihr nach – oder kamen ihr zuvor. Sie setzten sich in einen der drei kleinen Räume des Teesalons in der ersten Etage mit Blick auf die im winterlichen Abendrot erleuchtete place de la Concorde, auf die Tuilerien und den in der Ferne heftig blinkenden Eiffelturm. Ein paar warme Scones auf dem Teller und ein bisschen Jam oder einen Cheesecake zusammen mit einem Black Tea, Earl Grey oder exquisiteren Teesorten des englischen Hoflieferanten Twinings zum Afternoon Tea lassen einen die erschreckenden Preise der Bücher auf den zwei Etagen fast vergessen. Aber es geht hier ums Überleben.

Die Vita der Buchhandlung war nicht einfach. Ursprünglich gründeten an der Stelle des heutigen WHSmith zwei Engländer, die Brüder Neals, die »Neal's Library. English Stationery«. Der Shop war Buchhandlung, Leihbücherei und Teesalon in einem. 1903 verkauften sie das Geschäft an WH-Smith. Für die britische Familie von »Booksellers and Newsagents« war es die erste Auslandsfiliale. Sie sollte den englischsprachigen Menschen, die freiwillig nach Paris ausgewandert waren, einen kulturellen Heimathafen bieten, mit englischen Büchern und Zeitungen und einem Tea Room. Der Erfolg war so groß, dass 1908 der Tea Room neu dekoriert und erweitert wurde. Tudor-Rosen wurden als Embleme an die Wand gepinnt oder als Wappen in die edlen Glasfenster geschliffen. Eines von ihnen ist eine Replik von George Washingtons Familienwappen, da die Familie auch englische Wurzeln hat. Der Stuck an der Decke wurde um den alten Neo-»Domestic Revival Style« von Mobiliar und Tapete ergänzt. Die drei Räume in der ersten Etage wurden zum In-Treffpunkt.

Der Erste Weltkrieg brachte jedoch, wie überall, die Rezession. Der Buchladen blieb mehr schlecht als recht geöffnet, erlebte aber einen erneuten Aufschwung in den Roaring Twenties, in denen ganz

Paris unter amerikanischem, in geringerem Maße auch englischem Kultureinfluss bebte. Wer Rang und Namen hatte, traf sich hier. Vorübergehend … Im Zweiten Weltkrieg wurde die Buchhandlung von der deutschen Besatzung requiriert und in einen Laden für Nazi-Propaganda in zentraler Lage umgewandelt. Nach Kriegsende 1944 ging WHSmith an seine Besitzer zurück. Die Wiedereröffnung erfolgte am 1. November 1944. Die Nachfrage nach englischer Lektüre war groß. Der Tea Room wurde erst 1950 wieder eröffnet, zunächst wollte man sich auf den Buch-, Zeitschriften- und Schreibwarenhandel konzentrieren. Es herrschte bald Nachhol- und Modernisierungsbedarf. Der Teesalon musste 1989 schließen. Zur Jahrtausendwende ergänzten immerhin englische Spezialitäten wie Shortbread, Jam, Jelly, Toffees und Peppermint-Drops sowie englische Geschenkartikel das Angebot. Man muss nun nicht mehr die zweieinhalb Stunden mit dem Eurostar von Paris nach London fahren, um witzige oder mit Blumen dekorierte Fine-China-Teetassen oder einen Paddington-Bär zu erstehen. Allein von Büchern zu leben wurde zunehmend schwierig. Erst 2016 wurde der Tea Room nach umfassenden Renovierungsarbeiten wieder eröffnet. Die alten Wappenzeichen und der Stuck, die Bleiglasfenster ebenso wie die dunklen Holzpaneele wurden in altem Sinne restauriert, nun wirken die Räume merkwürdig aus der Zeit gefallen. Sie sind vage Erinnerungen altenglischer Gemütlichkeit. Vielleicht liegt es am Apfelgrün und hellen Lila mancher Sofakissen oder an den ausliegenden modernen Flyern. Aber die drei

Räume sind eine englische Oase, wenn man sich beim Cream Tea vom Shoppen bei Marks & Spencer in Paris erholen will. Wie das Teegeschäft läuft, wird die Zukunft zeigen. Die Klientel ist in jedem Fall anglophon und anglophil: von ihren multinationalen Firmen entsandte Expats, in Paris hängen gebliebene Engländer und Amerikaner, neugierige Touristen und Pariser Englandfans. Wenn nicht gerade ein Star oder Sternchen zufällig am Nachbartisch sitzt. Mit einer Tasse Tee und einem Buch in der Hand.

Sommerloch – Touristen, nichts wie hin!

Wenn die Pariser ausziehen, sollten Sie einziehen

Paris gehört zusammen mit Versailles beziehungsweise der Île-de-France zur Ferienzone C. Zone C hat andere Ferien als die Zonen A und B. Eingerichtet wurden diese Regionen vom Bildungsministerium, um den Stau auf Frankreichs Straßen zu Ferienbeginn und Ferienende bestmöglich zu verhindern. Das gelingt allerdings bis heute nicht. Frankreich fährt in den Frühlings-, Herbst- und Winterferien zunächst nicht in die Ferien, sondern am ersten Tag wohlgemut in den Stau. Jeder hofft, das wird sich ändern. Da keiner den Anfang macht, ändert sich nichts. Und da die Ferienwohnungen auch immer von Samstag auf Samstag vermietet werden, müssen die Urlauber diesem Rhythmus folgen. Im Sommer bleibt die Absicht der Staffelung auch nur eine Absicht und die Idee eine verwaltungstechnische Illusion. Obwohl die Franzosen acht Wochen Sommerferien haben, sind sie Gewohnheitstiere. Die Entzerrung gelingt hier noch weniger, denn alle Zonen haben zur selben Zeit Ferien – von Anfang Juli bis Anfang September.

Eigentlich könnten es Traumferien werden, vorausgesetzt, der Franzose führe zum Beispiel erst in der dritten Woche los oder in der fünften. Und vorausgesetzt, er würde nicht in die attraktiven Zonen A und B fahren. Dort trifft er auf die überfüllten Strände des Atlantiks, der Côte d'Azur, auf die Korsen in Korsika. Allenfalls die Bretagne und die Normandie verheißen ruhigere Sommerferien. Wo es sich besonders gut, ja eigentlich bestens, im französischen Sommer urlauben ließe, ist Zone C. Also Paris und Umgebung. Die Straßen der sonst mit Autos, Lastwagen, Fahrrädern, Mopeds und modernen Rikschas überfüllten Hauptstadt sind wie leergefegt. Die Trottoirs werden breiter, kein Pariser hastet zur Arbeit. Die nervenden Hupkonzerte finden nicht statt und das horrend teure Parken ist im August für Autos sogar gratis. Auch Straßenbeamte müssen sich schließlich einmal pro Jahr richtig erholen. Ihr Einsatz würde sich im August finanziell nicht lohnen, denn ganz Paris ist eben mal auf und davon, auf Urlaub eingestellt. Wobei es zwei Fraktionen gibt: die Pariser Juli-Urlauber und jene, die erst im August fahren. Besonders heiße Reisetage sind der Nationalfeiertag Mitte Juli und Mariä Himmelfahrt Mitte August.

Wenn die Pariser weg sind, machen die meisten Pariser Läden dicht. Die Rollläden der vertrauten kleinen Bäckerei, des Fleischers, des Tabakhändlers und des kleinen *bistrots* um die Ecke werden heruntergelassen. Das Geschäft lohnt sich sommers nicht. Auch nicht in betuchten Wohnvierteln. Ohne Bäcker, von denen es in Paris in manchen Straßen gleich zwei oder drei gibt, entpuppt sich die *Baguette*-Suche als Odyssee. Der Fleischkonsum wird notgedrungen durch Marktgemüse ersetzt, wobei auch viele Wochenmärkte nicht stattfinden. Eine Stadt ohne ihre Einwohner schläft ein.

Es ist die beste Zeit, Paris zu erobern. Touristisch gesprochen. Die großen Kaufhäuser, die schönen Museen und grandiosen Monumente bleiben geöffnet. Ihretwegen reist der Tourist nach Paris. Seine Erwartungen werden nicht enttäuscht. Die Luxusboutiquen der rue Saint-Honoré empfangen die spärlichen Kunden mit geöffneten Türen. Die Kellner kämpfen erstmals um Kunden für ihre Restaurantterrassen. Die sonst teilnahmslos vor sich hin brütenden Wachmänner in den Museen wagen ein Lächeln und sogar ein kleines Kopfnicken. Anders als in Großbritannien dürfen sie jedoch nicht erklären, was sie bewachen, denn sie haben kein Diplom. Sie würden, ereiferte sich eine diplomierte Museumsführerin, als sie gegen die Anerkennung ausländischer Tourismusdiplome demonstrierte, in Konkurrenz mit den ausgebildeten Kunsthistorikern treten. Das ginge natürlich nicht. Wie käme ein Museumswächter denn dazu. Selbst wenn er das Leben von Leonardo da Vinci vorwärts und rückwärts herunterbeten könnte. Selbst wenn er ein passionierter Spezialist für gefälschte Kunstwerke wäre. Er bliebe offiziell ein Laie, dessen Wissen durch keinen französischen *concours* bestätigt wurde. Frankreich denkt in Wettbewerben, Diplomen und Konkurrenz. Aber der Besucher profitiert in der gähnenden Pariser Sommerleere zumindest vom freundlichen Kopfnicken der Museumswärter und Sicherheitskräfte, und von den Kassen ohne Warteschlangen. Der Tourist wird hofiert. Und er profitiert vom Strand! Kein Sommer in Paris ohne »Paris Plages«. Seit 2002 ist die *rive droite* im Sommer autofrei. Dreieinhalb Kilometer Seine-Ufer werden mit Sand aufgeschüttet. Bunte Liegestühle und hippe Cocktailbars sorgen für Stimmung. Flirts und Konzerte unter echten Palmen sind gratis. Es gibt Volleyballspiele für die Großen und Sandburgenwettbewerbe für die Kleinen.

Ursprünglich war »Paris-Plage« 1882 der Name einer neuen Badestation in Le Touquet im nördlichen Pas-de-Calais. Den Begriff schuf Hippolyte de Villemessant, Direktor des konservativen *Figaro*, für seinen fortschrittlichen Freund, der das Seebad gegründet hatte. Und da nichts im Leben einfach ist und sich manches zu wiederholen scheint, kam es 2006 zu einem Prozess zwischen dem schicken Seebad Touquet Paris-Plage und dem nicht minder schicken Pariser Paris-Plage. Man einigte sich zwei Jahre später für viel Geld auf einen Buchstaben, der den feinen juristischen Unterschied macht: Paris Plages bekam ein Plural-S an den Namen gehängt, auch wenn es an der Seine nicht mehrere Strände, sondern nur einen einzigen Strand gibt. Aber was für einen! Die Mairie de Paris investiert jährlich knapp fünf Millionen Euro für das Abhängen seiner vergnügungssüchtigen Strandurlauber. Bei so viel Geld wird der Strand auch tagsüber zum Sommertraum. Dem Urlauber fehlt es an nichts.

Fazit: Das C der Pariser Ferienzone steht sommers für Charme. Charmantes Paris. Charming Paris. Sommerloch Paris – Touristen, nichts wie hin.

Pariser Hinterhöfe – Oasen verborgener Schönheit und Stille

Die Stadt ist für Flaneure

»*Entrez, entrez!*« Zögernden Schrittes betrete ich die Eingangshalle. Mein fragender Blick heischt nach Antwort. »Natürlich servieren wir Ihnen hier auch einen Kaffee.« Scherzend ergänzt der Empfangschef: »*Avec amour.*« Mit Liebe! Ich traue meinen Ohren nicht. In dem hektischen, drängelnden, rastlos vibrierenden Paris überrascht so viel Nettigkeit. Aber dort, in dieser Hektik, sind wir auch nicht mehr. Sondern nur zehn Meter entfernt, an einem Ort faszinierender Stille: ein mit hohem Bambus bestandener, geschätzte zwanzig Quadratmeter kleiner Hinterhof. Statt Pflastersteinen eine exotische Holzbodenterrasse und die luxuriose *suite* im ehemaligen Schuppen. Kein Laut der rue Jacob dringt durch das Vorderhaus nach drinnen. Das durchdesignte Hotel Millésime in der Nummer 15 bietet mit seiner Hinterhofterrasse eine exotische Oase. Einen Ort der Zuflucht und Beschaulichkeit, wie ihn viele kleine Hotels in Paris unvermutet aufweisen. Auch die feudalen Wohnhäuser im sechsten und siebenten *arrondissement* bieten solch charmante, mit beschnittenen Orangenbäumen und Buchsbäumen, mit dekorativen Statuen oder Wandfontänen verzierte große und kleine, fast immer lichtvolle

Höfe. Es sind die traditionellen Viertel der betuchten *bourgeoisie* und des alteingesessenen Adels. Bei entsprechender Größe des *hôtel particulier* drehten früher die Kutschen im Hof ihre Runden. Der Fiaker fuhr vor. Aus ihm entstiegen elegant gekleidete Damen mit Federhüten und Herren in Frack. Das Fest konnte beginnen. Schriftsteller Marcel Proust beschreibt mit Vorliebe solch elegante Partys der Pariser *crème de la crème*, die in den schönsten Pariser Privathäusern oder in mehrere Hundert Quadratmeter großen Wohnungen Haussmann'scher Prägung stattfanden. Haussmann war jener Baron, Architekt und Stadtplaner, der im Zweiten Kaiserreich Paris sein heutiges Gesicht verlieh: die großen Quer- und Längsachsen, die breiten Avenuen von der Étoile bis zur Opéra, die Boulevards Saint-Michel und Saint-Germain. Er zerstörte dreiundvierzig Prozent der alten, dicht gedrängten Häuser und veränderte das Stadtbild zu zweiundsechzig Prozent. Die Ärmsten zogen aus dem Zentrum in die neuen Vororte. Paris *s'embourgeoisait*, verbürgerlichte sich.

Ist es ein mehrstöckiges Mietshaus, wurde und wird nach vorne zur Straße hin repräsentiert, nach hinten gelebt, gebadet und gekocht und unter den *combles*, dem Dachboden, die Dienstmädchen einquartiert. Hier liegen die einstigen *chambres de bonnes*. Einfache, muffige Zimmer mit Holzdielen, die in Paris heute ein Vermögen kosten. Ein Zeitungsinserat im *Figaro*: neun Quadratmeter, fünfzehnter, für hundertdreißigtausend Euro! Manche sind zu hübschen Wohnungen ausgebaut. In den meisten aber hausen noch immer Studenten mehr schlecht als recht. Trotz strengerer Gesetzgebung. Ein düsteres Kapitel des Platzmangels und der Immobilienspekulation.

Die rue Jacob und ihre benachbarten Straßen laden jedenfalls zu einem Sightseeing der Hinterhöfe ein. Es ist ein volles Tagesprogramm. Das Viertel ist eine Fundgrube für den, der etwas vom verweilenden Hinschauen versteht und den eisernen Klingelknopf zu drücken wagt. Wochentags öffnen diese Türklingeln magisch die Pforten aus Eichenholz oder Glas, ohne dass man den Code, die mehrstellige Geheimzahl, am Klingelbrett kennen und eingeben muss. Jene Geheimzahl, die sich alle paar Monate ändert und der Abwehr unliebsamer Besucher dient.

Ist der *flaneur* unwillkommen? Verkauft er nichts und bleibt diskret, sicher nicht. Im Gegenteil. Mancher Bewohner wird ihm verliebt die bewegte Historie seines Hauses erzählen. Geschichtsträchtig ist etwa die rue Jacob 44. Wieder eröffnet sich eine ungeahnte Lichtung. Zwei runde Gartentische umstellt mit vier Korbstühlen unter zwei weiß leuchtenden Sonnenschirmen vor einer steinernen Fontäne nebst roten Geranien und andrem grünen Zierblatt drängen sich in einen entzückenden kleinen Hof. Man möchte das Bild festhalten, zur Palette greifen. Es ist ein Malerwinkel. Um das Höfchen gruppiert sich schützend der feudale Bau der ehemaligen britischen Gesandtschaft. Man schreibt das 18. Jahrhundert. Hinter den majestätischen Mauern bereitet Benjamin Franklin 1783 den Vertrag von Paris vor. Er anerkennt die Unabhängigkeit der Vereinigten Staaten von Amerika. Ein neuer Staat wird geboren und wenige Häuser weiter, in der Nummer 56, dem sogenannten Hôtel d'York, von hektisch agierenden Diplomaten anerkannt. Die rue Jacob ist ein Ort, an dem Weltgeschichte geschrieben wurde.

Auch Literaten wie Ernest Hemingway fanden hier Inspiration. Besagte rue Jacob 44 floss in sein Buch »Paris – Ein Fest fürs Leben« ein. Jedoch nur am Rande, denn der junge Autor ließ sich in Paris von vielem – auch anderen Hotels, etwa dem Ritz und seiner Bar – inspirieren. Aus dem Domizil der britischen Gesandtschaft war inzwischen ein Hotel geworden, in dem Luftfahrtpionier Charles Lindbergh sich von seinem spektakulären Flug mit der »Spirit of Saint Louis« erholte, später Winston Churchill gesichtet wurde. Sein Name, Hôtel d'Angleterre, erinnert heute noch an die englische Vergangenheit.

Die Hinterhöfe der rue Jacob wurden auch von Musikern geschätzt. Richard Wagner bezog im Hinterhof der Nummer 14 von Oktober 1841 bis April 1842 für ein halbes Jahr eine Wohnung. Maler wie Eugène Delacroix lebten es ihm vor. Er bewohnte 1824 die Nummer 20 zusammen mit dem in Wasserfarben schwelgenden Copley Fielding. Im Hinterhof wacht seit dem 18. Jahrhundert ein kleiner »Tempel der Freundschaft«.

Ein lohnender Abstecher führt in die schmale rue du Pré-aux-Clercs. Früher war hier ein Vorhof für den Klerus der benachbarten Kirche. Im Mittelalter wurde sie Schauplatz heftiger Gefechte zwischen aufmüpfigen Studenten der ersten Pariser Universität und der vorherrschenden Kirche. Erstere drangen bis in die Prés de Saint-Germain vor, jene Gebiete, die dem Klerus gehörten. Um den Geistlichen wieder Ruhe zum Beten zu verschaffen, wurde den Studenten als Aufenthaltsort das kleine Fleckchen Pré-aux-Clercs zugestanden. Hier findet sich das Hôtel Le Saint und ein Sanktuarium der Renaissance. Es ist ein überaus elegantes, dezentes Luxushotel, das mit historischem Charme überzeugt. Ein stilles Heiligtum. Nomen est omen.

In dem von religiösen Straßennamen geprägten Viertel finden sich überraschend höchst weltliche Genüsse. Im Hinterhof wie im Vorderhaus. Aber kann denn Naschen wirklich Sünde sein? Ein süßes Versprechen prangt jedenfalls in goldenem Schriftzug auf flaschengrüner Fassade in der rue des Saints-Pères 30. Es ist ein königliches Versprechen, umringt von stilisierten güldenen Lilien – dem Emblem von Frankreichs Königen – und napoleonischem Lorbeerkranz. Eine lockende Verheißung, die strengste EU-Verordnungen geradezu herauszufordern scheint, wirbt hier doch der Schokoladenhersteller Debauve & Gallais mit seinen *chocolats fins et hygiéniques*. Hygienische Schokolade? Die Neugierde ist geweckt. Hygiene und Schokolade sind, geschichtlich gesehen, ein jahrhundertealtes Paar. Alle Süßwarenfabrikanten waren in früheren Jahrhunderten nebenbei auch Pharmazeuten. Sie stellten Gesundheitsbonbons wie Hustenpastillen und Lakritze her. Auch Sulpice Debauve, geboren 1757, war zunächst ein »Apotheker mit Patent«. König Louis XVI verlieh es ihm im 18. Jahrhundert. Die Geschichte vom zweiundzwanzig Jahre jungen, experimentierenden Sulpice, der im heißen Juni 1779 mit seinen »Pistoles de la Reine« angeblich das erste »schokoladig-krustig-knackige Bonbon« erfand – *bonbon croquant* –, klingt überzeugend. Clever war der Bursche. Er widmete seine »Pistoles« der Königin und bekam daraufhin das königliche Apothekerpatent von ihrem begeisterten Gemahl zugestanden. So einfach war das damals. Damit nicht genug: Wem das Patent des *chocolatiers* Debauve & Gallais nicht ausreichend exquisit ist, der liest in der Schaufensterauslage: »*Fournisseur des Anciens Rois de France*«. Klingt großartig! Allerdings: Debauve, 1800 gegründet, konnte nicht mehr allzu viele französische Könige mit seiner Schokolade beglücken. Die Revolution 1789 hatte sie vom Thron gefegt. Es gab nur noch zwei, drei, darunter den letzten, Louis-Philippe, »König der Franzosen«. Dafür jedoch zwei Kaiser aus der machthungrigen Bonaparte-Dynastie. Auch sie genossen die Schokolade von Debauve & Gallais. Es gab einige Revolutionen und dann auch schon die Erste Republik im 19. Jahrhundert, gefolgt von vier weiteren Republiken. Dennoch sehen noch heute, in der fünften Republik, die drei Königslilien des royalen Wappens vor blauem Hintergrund überaus edel aus. Sie haben alle wilden Zeiten und Frankreichs Könige überdauert. Nach zweihundert Jahren Existenz ist das Unternehmen heute in New York, Dubai, Tokio, Taipeh und Casablanca präsent, exportiert die Produkte des französischen *savoir-faire* im Schokoladenhandwerk, pflegt sein Image. Vor allem putzt es die blau lackierte Fassade seiner früheren schönen Fabrik im Hinterhof. Für so viel Geschichte und Glanz kostet die Hundert-Gramm-Tafel sieben Euro. Aber es ist – oder war zumindest – Königsschokolade.

Viele mit Kopfstein gepflasterte und hübsch bepflanzte Hinterhöfe finden sich auch in der benachbarten rue de l'Université. Ein spähender Blick in die Höfe gegenüber der Sciences Po – wie die ENA eine Kaderschmiede angehender hoher Beamter und Diplomaten – lohnt. Ebenso das Schlendern bis zur idyllischen place de Furstenberg. Das zauberhafte Plätzchen prangt auf vielen Fotos und Gemälden, wurde mit seiner gleichnamigen Straße Kinokulisse und Wohnort von den Malern Delacroix, Monet, Maurice Denis und Balthus. Die Nummer 6, wo die meisten Künstlerateliers lagen, darunter auch jenes von Eugène Delacroix, birgt heute im Hinterhof ein kleines Delacroix-Museum. Was hier fehlt, ist vielleicht ein *café*. Dafür könnte der *flaneur* mit einem Vorhang aus feinster Herstellung nach Hause ziehen. Französische und italienische Traditionshäuser für Innenausstattung wie Braquenié, Canovas, Pierre Frey oder Rubelli haben in Schrittweite ihr Domizil bezogen.

Übrigens: »Spaziergänger von Paris« zu sein, sich als *flaneur* den Überraschungen Lutetias hinzugeben – auch jenen der Hinterhöfe –, ist die einzige Art, das Herz von Paris wirklich zu entdecken. Der *piéton de Paris*, der »Fußgänger von Paris«, hat Tradition. Schriftsteller wie de Nerval, Baudelaire, Huysmans und Mercier, Heine und Rilke grasten die Stadt per pedes ab. Heute ist Schriftsteller Nicolas d'Estienne d'Orves der bekannteste Pariser Flaneur.

Wenn die Seine über die Ufer tritt, wo küssen sich Verliebte?

Tagebuch einer Hochwasserkatastrophe

Sonntag, 14. Januar

Aufgeregt zückt ein junges Mädchen ihr Handy. »Ein seltenes Foto«, begeistert sie sich, »das habe ich noch nie gesehen: die Bäume stehen unter Wasser.« Per WhatsApp teilt sie die umwerfende Neuigkeit ihren Freundinnen und Freunden mit. Eile scheint geboten. Tatsächlich. Ein Blick vom pont Neuf zeigt die unteren Quais neben der Seine von großen Wasserlachen bedeckt. An manchen Stellen sind keine Steine mehr sichtbar. Das Wasser reicht hier bis zum Knöchel. Normalerweise schlendern Spaziergänger an den UNESCO-geschützten *berges* entlang. Doch die Quais sind heute leer. Eine rote Vespa rostet einsam vor sich hin. Wo bitte sind die Verliebten, die eng umschlungen oder Händchen haltend versonnen dem ziehenden Strom nachblicken? Wenn sie sich nicht gerade küssen. Und wo bitte sollen sie sich küssen, wenn die Seine über die Ufer tritt? Die drohende Naturkatastrophe scheint eine Katastrophe für Verliebte zu werden. Und ein beliebtes Filmmotiv fällt ins Wasser.

Paris lebt von der Seine. Sie ist ihr Emblem. Sie steht im Wappenzeichen. Wehe, wenn sie aus der Rolle fällt.

Montag, 22. Januar

Seit gut einer Woche regnet es ununterbrochen. Regenschauer Tag und Nacht. Das Wetter ist von trister Einförmigkeit. In Deutschland wütete vor wenigen Tagen ein Sturm. Er legte den Zugverkehr in der gesamten Republik, von der Ostsee bis zu den Alpen, lahm. Auch in Frankreich treiben die Böen heute streckenweise bis zu zweihundert Stundenkilometer vorwärts. Ungeahnte Geschwindigkeitsrekorde, die paradoxerweise die Sonneninsel Korsika aufweist. Eine Sturmwarnung umweht auch die Île-de-France. Jene Region, die Paris weitläufig einbettet und umgrünt. Aus ihr schöpft die Hauptstadt täglich einen Großteil ihrer Arbeiter und Angestellten, ihrer leitenden Führungsköpfe und Direktoren. Morgens und abends findet eine Völkerwanderung zwischen Paris und seinem Umland statt. Die Menschenkarawane setzt sich per Auto, RER, in den Vorortezügen oder der normalen Eisenbahn SNCF in Bewegung Manche Pendler fahren täglich bis nach Orléans. Morgens eine Stunde hin, abends eine Stunde zurück. Paris ist Verwaltungssitz der Region Île-de-France. Zweihundertneun regionale Abgeordnete der *Franciliens*, wie die Bewohner der Île-de-France seltsam heißen, treffen sich regelmäßig an der Seine. Sie darf uns keinen Streich spielen.

Dienstag, 23. Januar

Auf dem Land fegt der Wind letzte brüchige Äste von den Bäumen. In Paris hat es vierzehn Grad. Für einen Januarnachmittag ist es frühlingshaft warm. Zu warm. Die Stimmung ist mau. Die Nase wittert

Benzingeruch. Die Autoabgase scheinen in der Pariser Luft festzuhängen. Kein Lüftchen regt sich. Der Himmel trägt ein weites Kleid aus trübem Grau. Trotz Winterschlussverkauf sind die Geschäfte in der beliebten avenue Victor Hugo leer. Menschenleer scheinen auch die Straßen. Kein Stau an der porte Maillot, kein Gedränge und keine Hupkonzerte an der place de l'Étoile. Man könnte bequem zu Fuß den Sternenplatz überqueren, ohne sein Leben zu riskieren. Ein Ausnahmezustand.

Die Nachrichtensprecherin warnt im Radio: »Am Freitag wird die Seine ihren Höchststand erreichen.« Und: »Ab morgen wird der Verkehr auf der Linie RER C eingestellt.« Hochwasser. Die Seine schwillt an. Sie macht sich groß, sie macht sich breit. Sie tritt langsam aber sicher aus ihrem Bett.

Die letzte *grande crue*, das letzte Hochwasser, liegt noch gar nicht so lange zurück. Es war im Juni 2017. Sommer. Damals stand den Parisern das Wasser wahrhaftig zum Hals. Und schlug über ihren Köpfen zusammen. Bildlich gesprochen. Erreichter Höchststand der Seine: 6,10 Meter. Lang anhaltende Regenfälle brachten den Seine-Zufluss Loing zum Übertreten. Das Zuviel an Wasser ergoss sich in umliegende Wiesen und Felder und auch in die Seine. Ihr Wasser wurde dadurch nicht blauer. Es blieb beim gewohnten schlammigen Grüngrau. Oder ist es braun? Die Seine eine braune Brühe?

Ökologen erklärten sie bereits 1960 für tot. Sie überlebte, lebte weiter und mit ihr drei Fischarten. Aber sie hält einen traurigen Rekord: Die viel besungene, romantisierte Seine ist der schmutzigste

Fluss Europas. Unvorstellbar, dass die Pariser in ihr einst ihre Wäsche wuschen – zuerst am linken Ufer, dann am rechten, weil dort die Sonne länger schien. Aus hygienischen und ästhetischen Gründen wurde die Aktivität schließlich in die Vororte verbannt. Das letzte Wäschereiboot wusch in der Seine bis Ende 1930.

Die Seine war im 19. Jahrhundert auch ein Ort für Badevergnügungen und idyllische Bootspartien. Heute ist das Schwimmen in der Seine streng verboten. Wahrscheinlich würde man einen Ausschlag bekommen oder an ihrem Geruch ersticken.

Bis zu den Pariser Olympischen Spielen 2024 soll sie wieder Badequalität erlangen. Wie das wohl gelingen mag? Ein Großteil ihrer Verschmutzung ist der intensiven Landwirtschaft geschuldet, die Frankreich noch immer betreibt. Deren Pestizide tummeln sich mit anderem Unrat in der Seine. Allein – der Mensch lebt von der Hoffnung. Und von Versprechen der Politiker. Hoffnungsergeben zeigen sich auch jetzt noch die Pariser angesichts der steigenden Gefahr. Immerhin. Die Seine ist ein Thema. Das Tagesthema.

Ich beruhige mich: Der Loing fließt in der Seine-et-Marne, östlich von Paris. Auf der Heimfahrt gen Westen auf der N13, die entlang dem Seine-Tal aus der Hauptstadt heraus über die einstigen Impressionistendörfer Louveciennes und Bougival nach Saint-Germain-en-Laye und weiter in die Normandie führt, steht jedoch das Wasser bereits bedrohlich hoch. Nur wenige Zentimeter trennen es vom obersten Plateau der Böschung. Zwischen den

Wohnhäusern einer Insel von Croissy-sur-Seine und dem Grashang liegt nur noch eine schmale Straße. Auch hier wird es Schäden in den Kellern der Häuser geben. Das Klubhaus des Rudervereins hat bereits Schräglage.

Mittwoch, 24. Januar

Die RER C fährt nicht mehr. Der Betrieb wurde eingestellt. Die Völkerwanderung nimmt ab. Auch die Métro-Linie 7 ist überraschend betroffen. Sämtliche *berges* sind überflutet. Alle Tunnel und unterirdischen Gänge sind gesperrt und für den Verkehr geschlossen. Wie es jetzt wohl in den berühmten Pariser Katakomben aussieht? Jenen unterirdischen Stollen, in denen die Jugend noch immer verbotene Feste feiert und die Alten eine bezahlte Besichtigungstour machen. Momentan können sie jedenfalls nicht besichtigt werden.

Die Penner mussten ihre Schlafstätten unter den Brücken räumen und anderswo – erstaunlich mürrisch – ihr Quartier aufschlagen. »Sous les Ponts de Paris«, sang Lucienne Delyle in den fünfziger Jahren und meinte das Leben der Armen unter den Pariser Brücken. Dort ist jetzt überhaupt kein Leben mehr. Nur noch Wasser.

An der Austerlitz-Brücke steht der Pegel bei 4,9 Metern. »Kein Grund zur Aufregung«, vermeldet der Präsident des Louvre der besorgten Kunstwelt. Die Verantwortlichen des benachbarten Musée d'Orsay pflichten ihm bei. »Erst bei einem Wasserstand von 5,08 Metern werden die Kunstschätze aus den Depots geholt.« Und an wasserdichteren Stellen eingelagert. Es fehlen nur noch achtzehn Zentimeter, bis das Louvre-Personal in Hektik agieren wird. Wer kontrolliert eigentlich den Wasserstand um Mitternacht? Wer wird die Angestellten wecken, um die kostbaren Kunstwerke zu retten?

Aus der Zeitung erfährt man so nebenbei, dass die Bürgermeisterin von Paris, Anne Hidalgo, schon gestern eine Krisensitzung einberaumt hat. Vertreter der SNCF, der RATP, der Pariser Kanalisation und andere trafen sich am Spätnachmittag. Außer dem Stichwort Prävention dringt nichts von dieser Sitzung nach außen. Keine Verlautbarungen, keine Beschlüsse. Vielleicht warten die Stadtpolitiker wieder ab. Warten, wie beim letzten Mal, wieder viel zu lange.

Noch immer kursiert ein erschreckendes Video im Internet. Es zeigt die Rattenplage von Paris. Ein Müllmann hat das Video aufgenommen. Er beklagt Übergriffe der Tiere auf seine Kollegen, zeigt Bisse und Kratzspuren und kritisiert die mangelnde Hygiene mancher Pariser Restaurants, die ihren Müll nicht ordnungsgemäß in den vorgesehenen Tonnen entsorgen, sondern einfach irgendwohin kippen. Müll am Straßenrand ist ein echtes französisches Problem. Man kennt es von den Autobahnen. 2017 wurden hier Schilder mit Bildern aufgestellt, auf denen man in die Landschaft geworfenen Müll sieht. Darunter steht die provozierende Frage: »Machen Sie das auch bei sich zu Hause?«

Vom Müll zu den Ratten. Von den Ratten zum Pariser Hochwasser. Es treibt sie an die Ufer und zwingt sie aus ihren Löchern hervor. Die Ratten verlassen das sinkende Schiff. Sie sind tatsächlich eine Gefahr, die Paris nicht in den Griff bekommt. Mangelnde Müllsortierung, achtlos auf die Straße geworfene Zigarettenkippen, laufende Motoren, während der Mann seinen Espresso an der Bartheke hinunterkippt, und nicht aufgesammelter Hundekot sind der tägliche Ausdruck eines unzivilisierten Verhaltens in einem Land, das seine Zivilisation beschwört und als Aushängeschild weltweit vor sich her trägt. Paris muss für seine Achtlosigkeit und seinen Schlendrian jetzt büßen.

Mittwochabend

Wieder so ganz nebenbei erfährt man, dass es unter der neuen Regierung einen Staatssekretär für den »Ökologischen Übergang« gibt. *Transition écologique*? *Transition* – »Übergang« – ist derzeit ein Modewort in Frankreichs Politik und Wirtschaft. Alles ist im Übergang. Wohin? Quo vadis Lutetia Parisiorum?

Dienstbeflissen meldet sich der Staatssekretär im Übergang zusammen mit einem »Generaldirektor der Risikoprävention« im Radio zu Wort: »Es besteht noch keine Gefahr. Wir betreiben Risikoprävention.« Will heißen, sie kontrollieren die Zuflüsse der Seine. Haben sie also alles unter Kontrolle? In einigen Dörfern der mäandernden Seine werden Styroporplatten an die Bevölkerung verteilt. Nicht damit sich die Anwohner auf sie draufsetzen und sie im Notfall als Flöße benutzen. Nein, sie sollen ihre Möbel höher stellen. »Wir haben aus der Erfahrung gelernt«, beruhigt selbstsicher ein Bürgermeister.

Donnerstag, 25. Januar

Von der Seine nichts Neues. Außer: Sie steigt und steigt. Der Radiosender *France Info* vermeldet zur Aufmunterung ein paar Taten der Nächstenliebe. »Ach, wenn man einander öfters so helfen würde«, seufzt eine Rentnerin über das Mikrofon in den Äther.

Paris wird immer stiller. Die Stadt bläst Trübsal, hüllt sich in Schweigen. Ob die Schulkinder »hochwasserfrei« bekommen und zu Hause bleiben dürfen? In einem Land, das weder hitzefrei noch schulfrei bei Schneetreiben oder Sturmwarnung kennt, wäre es eine Überraschung.

Tagsüber regnet es weiter. Neue Fotos von der Seine bedeuten: Die Lage wird bedrohlich. Am befahrenen pont de l'Alma – 1970 abgerissen und mit nur einem Mittelpfeiler neu errichtet – bekommt die steinerne Statue des Zouave – einem Kämpfer des Nordafrikacorps – kalte Füße. Das Wasser reicht ihm bereits bis zur Hüfte. An anderer Stelle versinken die Ampeln im Strom. Die Ventilatoren des RER-C-Tunnels werden zur Sicherheit abgeschaltet. In Paris bleibt dieser Vorortezug voraussichtlich bis 31. Januar außer Betrieb. Viele Angestellte werden zu Hause bleiben oder sich morgens in den legendären, teilweise bis zu hundert Kilometer langen Stau auf den Pariser Zufahrtsstraßen begeben.

Die Museen rühren sich. Endlich! Wasserschäden sind teuer. Der Louvre schließt seine Islam-Abteilung im Untergeschoss. Vorsorglich bis einschließlich Sonntag. Die Musées d'Orsay und de l'Orangerie bringen wertvolles Material und Teile ihrer Sammlungen an trockenen Plätzen in Sicherheit.

Ich beschließe, einen Blick in den Atlas zu werfen. Der Gefahr soll man ins Auge sehen. Siebenhundertsiebenundsiebzig Kilometer ist die Seine lang. Ihre Quelle liegt im schönen Burgund, nordwestlich von Dijon, ihre Mündung im normannischen Le Havre, wo sie sich in den Ärmelkanal ergießt. In Paris fließt sie gerade mal 12,78 Kilometer und bedeckt eine Fläche von 6,3 Hektar. Ein geografisches Fleckchen, ein Klacks. Immerhin gehören drei Inseln und fünfunddreißig Brücken dazu. Davon drohte eine 2015 einzustürzen: der schmale pont des Arts, an dessen Metallgeländer verliebte Touristen gut zwei Jahrzehnte lang kleine Schlösser anhängten, um ihre Liebe festzuhalten. Es war eine Modeerscheinung. Die Brücke drohte jedoch unter dem mehrtonnigen Gewicht der kleinen Schlösser nachzugeben. 2016 wurden Schlösser und Metallgitter kurzerhand abmontiert und durch transparente Geländer ersetzt. Die Schlösser kamen unter den Hammer. Der Ertrag der Versteigerung diente einem guten Zweck: der Flüchtlingshilfe.

Die Stadt Paris ist kurioserweise seit 1864 Besitzerin der Seine-Quelle. Die Pflege des Areals überlässt sie aber lieber der Region. Am breitesten ist die Seine im Osten der Hauptstadt. In Bercy misst sie hundertdreißig Meter. Gen Westen und Norden verengt sie sich und misst schlanke dreißig Meter am pont au Double im sechzehnten *arrondissement*. Ihre Wassertiefe erreicht 5,80 Meter am pont Mirabeau. Und nur 3,40 Meter am pont National. Doch genug der Zahlen. Paris hat auch einen Hafen. Aber mit seinen paar Lastkähnen, den *Bateaux-Mouches* und den *Batobus* scheint der Wasserverkehr heute harmlos im Vergleich zum 19. Jahrhundert. Damals kreuzten Raddampfer, Dampfschiffe, Ruderboote und Kähne auf der Seine fröhlich hin und her.

Die *Batobus* wurden als Transportmittel für die arbeitenden Pariser eingesetzt. Acht Boote bedienen neun Haltestellen zwischen Eiffelturm und dem Jardin des Plantes. Aber die 1,8 Millionen Passagiere jährlich sind überwiegend Touristen. Paris ist nicht Bangkok. Lärm und Bewegung spielen sich nicht auf dem Fluss ab. Die hektischen Pariser meiden das stille Wasser.

In den Spätnachrichten von *France Info* um einundzwanzig Uhr dreißig kommt überraschend eine Entwarnung: »Die Seine ist keine Gefahr mehr. Wir haben alles im Griff.« Wer wir? Morgen soll sie nur mehr einen Pegelstand von 5,80 Meter erreichen. Wozu also all die Aufregung zuvor?

Freitag, 26. Januar

Nun ist er also nicht da, der angekündigte Hochwasser-Jahrhundertrekord. Die seit einer Woche beschworene Katastrophe. Die Seine wird sich am Wochenende auf 5,81 Meter einpendeln. Angesichts des Klimawandels werden solche Launen des Flusses bald zum Pariser Alltag gehören.

Alte Fotos dokumentieren die Überflutungen von 1910 (Höchststand 8,62 Meter), 1968 (4,10 Meter), 1982 (6,18 Meter) und 1988 (5,39 Meter). Auch das 21. Jahrhundert kennt bereits mehrere Katastrophen mit der unberechenbaren Seine. Die seit dem 19. Jahrhundert angelegten Seitenkanäle, wie der canal Saint-Martin, konnten sie nicht bezwingen.

Aber dieses Mal schien das Fiebern umsonst. Schade eigentlich. Die Spannung stieg wie in einem guten Krimi. Enttäuscht vernehmen wir, dass die Seine nicht einmal den Wasserhochstand von 2016 erreicht.

Damit das Ende doch nicht gar zu abrupt kommt, warnt Diplomgeografin Magali Reghezza-Zitt in der Gratiszeitung *20 Minutes*: »Vorsicht vor Selfies in Wassernähe!« Aber seien wir ehrlich: Ein letzter Nervenkitzel muss einfach sein. Und ein bisschen Gesprächsstoff für das nächste Pariser *dîner*.

Wer fällt beim Selfie ins Wasser?

Sonnabend, 27. Januar

P.S. Beim *dîner* war die Seine kein Thema. Auch nicht der Schneefall in den Alpen oder der Weltwirtschaftsgipfel in Davos. Wir diskutierten über deutsche Literatur und Sprache. Eine positive Nachricht.

Paris schwarz-weiß

Im Pantheon der Porträtfotografie

»Es war die Treppe«, sagt Catherine Renard und lächelt versonnen. »Diese geniale, einmalige, breite, so typisch pariserische, elegante Treppe, die uns vermittelte: Das ist es! Dies hier wird die neue Adresse von Harcourt.« Zusammen mit ihrem Lebensgefährten Francis Dagnan feiert Catherine Renard jeden Winter einen besonderen Geburtstag. Am 14. Februar 2007, dem Valentinstag, Tag der Verliebten, kaufte er das Studio Harcourt – für sie. Es wurde ihr gemeinsames Kind.

Jahrzehntelang galt Harcourt als *die* Adresse in der reichen Geschichte der Pariser Fotografie. Im 21. Jahrhundert war das Studio jedoch in die Jahre und etwas heruntergekommen. Allen Warnungen erfolgreicher Geschäftsleute zum Trotz kaufte das Paar Harcourt: »Wir wussten, was wir taten. Wir hatten das Gefühl, das Richtige zu tun.« Zwei Stunden vor Ablauf des Konkursverfahrens erhielten sie den Zuschlag. Catherine Renard lächelt breit: »Wir haben es bis heute nicht bereut!«

Von Fotografie hatte die studierte Biologin damals keine Ahnung. Harcourt war pleite und die Banker schüttelten ablehnend den Kopf: »In Frankreich sind die Banken nicht wagemutig. Sie haben keine Visionen.« Sie sahen nur die roten Zahlen, klammerten sich daran fest. Aber für das Investorenpaar Dagnan und Renard gab es den tief verankerten guten Ruf, auf dem man aufbauen konnte. Und die legendäre Verwobenheit zwischen französischer, gar internationaler Filmgeschichte, zwischen der Fotografie der Schönen und Reichen und dem Fotostudio Harcourt. Und irgendwann gab es auch Emotionen: »Die vorherige Besitzerin wollte bis zum Schluss Harcourt nicht abgeben. Sie hing daran.« Harcourt war und ist auch eine Geschichte erfolgreicher, teils mysteriöser Geschäftsfrauen.

»Wer sich nicht bei Harcourt fotografieren lässt, ist kein Schauspieler«, analysierte der französische Philosoph und Semiologe Roland Barthes. Es war einer der Sätze, der die Wissenschaftlerin in Catherine Renard aufhorchen ließ, als sie vor dem Kauf in der Geschichte von Harcourt blätterte. Ein Stück erfolgreicher Film-, Theater- und Musikgeschichte defilierte vor ihren Augen: Regisseure wie Jean Renoir und Erich von Stroheim; französische Schauspielerinnen und Schauspieler wie Arletty, Jean Marais, Simone Signoret, Jean-Paul Belmondo und Carole Bouquet. Sängerinnen und Sänger wie Yves Montand, Édith Piaf, der »Spatz von Paris«, und Serge Gainsbourg. Schriftsteller wie Nathalie Sarraute, Julien Green und Jean Genet. Hollywoodgrößen wie Rita Hayworth und Filmstars gepaart mit fürstlichem Glamour, wie die Sonderbriefmarkenedition aus Anlass der Hochzeit von Fürst Rainier III. mit Grace Kelly. Die Marke übernahm das vom Fotostudio gestaltete Konterfei des Fürstenpaars

Die Anfänge von Harcourt waren jedoch schwer. Der Fotografiemarkt in Paris war schon damals florierend und entsprechend umkämpft. Viele Fotografen versuchten sich in den zwanziger, dreißiger Jahren an der Seine. Darunter Frauen wie Germaine Krull und Gisèle Freund. Letztere, eine geflüchtete Doktorandin, arbeitete jedoch so anders als die damaligen Fotostudios an der Seine, in denen es Mode wurde, sich mit viel Aufwand ablichten zu lassen.

Auch bei Harcourt arbeitete eine Frau, Germaine Hirschefeld (1900–1976), verheiratete Lacroix. Germaine war sogar finanzielle Teilhaberin. Wie keine Zweite verstand sie es, gutes Marketing um ihre Person und mit ihrer Person zu betreiben. Heute wäre sie unter den ersten Facebook- und Instagramnutzern und würde munter twittern. Damals schon hatte sie ihre Community und Follower, was gut für das Geschäft war. Sie fuhr Cabrio, kleidete ihre gertenschlanke Figur modisch, rauchte Zigaretten, was zum Bild der Verruchtheit dazugehörte. Ihre Herkunft schien etwas nebulös und sie verwischte gerne Spuren. Eine Mata Hari im Fotogeschäft? Ganz so schlimm war es nicht. Aber eindeutig ist ihre Biografie auch nicht. Sie muss noch geschrieben werden.

Ihre Großeltern waren jedenfalls deutsch-jüdischer Herkunft und an die Seine ausgewandert. Ihre Eltern, Percy Hirschefeld und Sophie Liebman, betrieben ein erfolgreiches Geschäft und besaßen schon vor dem Ersten Weltkrieg ein Auto. Die kleine, in Paris im neunten *arrondissement* geborene Germaine träumte von Aufstieg und Erfolg. Sicher auch von finanzieller Unabhängigkeit, von der damals viele Frauen träumten, die aber nur wenige erreichten.

Germaine half in Fotostudios aus, stand auch manchmal hinter der Kamera. Sie nannte sich bald Cosette. Ein Name, den sie Victor Hugos Roman »Les misérables« entlehnte. Er sollte wohl Beschützerinstinkte wecken. Und ihr zum Erfolg verhelfen. Die arme, ausgenutzte Romanheldin Cosette heiratete schließlich einen schmucken, soliden Mann. Um ihren Aufstieg voranzutreiben, legte sich die echte Cosette einen Nachnamen mit adeliger Konnotation zu: »Harcourt«. Cosette Harcourt. Clever – das klang pompös und edel. Sie hatte Glück, dass das gleichnamige Adelsgeschlecht d'Harcourt ihr keinen Prozess machte. Aber dafür fehlte Cosette im Pseudonym etwas Wichtiges: das »von« und damit ein jahrhundertealter Stammbaum, der Klasse belegte. Doch damit nicht genug. Cosette Harcourt setzte noch eins drauf. Das Chamäleon bestand ihr Leben lang auf die Anrede »*Mademoiselle*«. Ganz wie »*Mademoiselle* Chanel«. Die Modeschöpferin Coco Chanel war damals für Generationen das Vorbild der emanzipierten, eleganten Geschäftsfrau. Deren Finanzen stammten übrigens wie bei Cosette Harcourt, alias Germaine Hirschefeld, größtenteils noch aus der Schatulle erfolgreicher Männer, die sie ehelichte oder nebenbei liebte. Auch *Mademoiselle* Harcourt heiratete einen Reichen, einen Publizisten und Pressemagnaten, Jacques Lacroix, der ihr am 15. Januar 1934, noch ganz verliebt und nicht mit ihr verheiratet, ein eigenes Fotostudio spendierte. Sie gab dem Studio seinen Namen und die markante Signatur mit dem linearen, dominierenden H, auf dem das Logo Harcourt bis heute unverändert aufbaut. Mitgründer von Studio Harcourt war Jean, der Bruder von Jacques Lacroix. 1933 betrieben die Geschäftsleute mit dem künstlerisch denkenden Robert Ricci die Werbeagentur »Pro Publicité«. Der Sohn der Modeschöpferin Nina Ricci verhalf ihnen, den prosaisch Denkenden, zum Erfolg. Er blieb Teilhaber, bis er 1937 vollends in das Modeunternehmen seiner Mutter einstieg.

Cosette Harcourt sah ihren Traum vom eigenen Fotostudio verwirklicht. Aber das zentral gelegene Geschäft nahe der Champs-Élysées blieb zunächst unrentabel und wurde von den anderen Foto-Aktivitäten der Brüder Lacroix in Presse und Werbung mitgetragen. Studio Harcourt suchte sich und seinen Stil. Cosette, die zuvor bei anderen Fotografen ausgeholfen hatte, griff zurück auf ihre Erfahrung im erfolgreichen Studio G.L. Manuel frères. Sie suchte Parallelen in der luxuriösen Werbefotografie der zwanziger Jahre und erkannte die Bedeutung hochqualifizierter Fotografen. Als Teilhaberin mit fünfundzwanzig Prozent des bescheidenen Startkapitals von fünfzigtausend Francs gab sie den Kurs vor. Harcourt wurde zum »Studio et atelier pour la photographie d'art« und mit kunstvoller Fotografie verbunden. Sie warb damit und spielte mit ihrer nebulösen Aura. Ihr Leben wirkt wie auf dem Foto: ein raffiniertes Spiel von Licht und Schatten. War sie wirklich Engländerin, wie ihr Akzent und der echte Pass auf einmal vorgaben? Erworben hatte sie beides mit der Emigration ihrer Familie während des Ersten Weltkriegs. Aber war sie wirklich Angehörige der englischen Gentry und in den zwanziger Jahren die *maquilleuse* der Schönen und Reichen, deren Fotoporträts sie besaß? Welchen Glamour versteckte die Frau, die bei Harcourt mit rot geschminkten Lippen einladend lächelte, hinter der sonst zur Schau getragenen kühlen Maske einer Marlene Dietrich?

Letztere ließ sich 1939 bei Harcourt ablichten. Wie nach ihr viele andere Deutsche in Uniform während der Pariser Besatzung im Zweiten Weltkrieg. Die Zusammenarbeit mit den deutschen Besatzern war ein relativ kurzes, für Harcourt aber kein leichtes Kapitel der Firmengeschichte. Andere trugen mehr zum Glanz des Fotostudios bei wie Salavador Dalí (1936), Josephine Baker (1939) und später die bereits erwähnte Palette bekannter Schauspieler der fünfziger und sechziger Jahre.

Angesichts der drohenden Gefahr heiratete Jacques 1939 noch schnell die Jüdin Cosette. Er hoffte, ihr Leben zu retten. Dennoch musste sie nach Südfrankreich in die sogenannte »Freie Zone« fliehen. Die Brüder Lacroix verhandelten unterdessen mit den Besatzern, um das Magazin *Vedettes* zu gründen, in dem Stars und Sternchen – von Harcourt fotografiert – erschienen. Das notwendige Material für die Zeitschrift wurde von den Deutschen genehmigt. Harcourt konnte weiterarbeiten. Die reich illustrierte Zeitschrift wurde tatsächlich ein Erfolg, der Harcourt überleben ließ und den Namen des Fotostudios für immer mit Künstlern assoziierte.

Bis zum Ausbruch des Zweiten Weltkriegs hatte Harcourt bereits seinen Fotostil gefunden: die kontrastreiche Hell-Dunkel-Schärfe expressionistischer Filme und die Retusche; ein Porträt in Dreiviertelansicht oder im Profil. Frontale Porträts waren untersagt, da dies weder Relief noch Tiefe erlaubt. Um nicht vom Gesicht abzulenken, arbeitete Harcourt mit wenigen, zeitlosen Accessoires, die höchstens einen Stil unterstrichen. Und suchte eine Ausleuchtung, die der Haut schmeichelte, sie samten machte und gleichzeitig dem Gesicht ungeahntes Relief und besondere Konturen verlieh. Ein weiteres Markenzeichen wurde der umherschweifende, wie in der Ferne verlorene und zugleich von eindringlicher Nähe geprägte Blick im Augen-Blick.

Die Wirkung war groß, der Aufwand auch, das Echo ebenfalls. Harcourt blühte auf. Zumal am 13. Juli 1938 eine neue Adresse gefunden wurde, die den Ambitionen von Cosette entsprach: ein *hôtel particulier*, tausend Quadratmeter, vier Etagen, avenue Iéna, sechzehnter *arrondissement*. Korinthische Säulen, schillernde Kristalllüster, verschiedene Empfangssalons, viel Deckenstuck und viele Spiegel und sogar ein Schwimmbad. Der zugleich symbolische und greifbare Brückenschlag zur heutigen neuen Adresse in der rue de Lota war bereits angelegt: eine breit geschwungene, majestätische marmorne Treppe. 1950, nach zwölf Jahren Miete, konnten die Brüder Lacroix die Luxusvilla sogar kaufen. Was für ihren Erfolg spricht.

Der Adel kam mit dem Comte de Paris (1951) und dem König von Jordanien. Sänger wie Henri Salvador (1949) und Charles Aznavour (1957), Schriftsteller wie Julien Gracq (1951), die junge, skandalöse Françoise Sagan (1954) und Albert Cohen (1968) gaben sich mit jungen Filmstars wie Romy Schneider und Alain Delon die Klinke in die Hand. Simone Signoret erinnerte sich, dass Harcourt für sie als junge Sechzehnjährige Hollywood war. Hollywood in Paris. Mit rotem Teppich auf der Treppe und weiß behandschuhtem Empfangspersonal. Glamour, wie man ihn sich vorstellt.

Nach dem Zweiten Weltkrieg arbeiteten im Schnitt fünf bis sechs Fotografen für Harcourt. Jeder kümmerte sich um eine Kundensparte: Kinder, Stars, Politiker. Letztere kamen sogar aus dem Ausland angereist, etwa zahlreiche afrikanische Staatschefs in den sechziger Jahren. Paris versteht es, seinen Luxus zu verkaufen.

Das Prinzip der Sparten hat die heutige Geschäftsführerin Catherine Renard beibehalten: »Nicht jeder Fotograf kann mit jedem. Jeder hat sein Talent.« Harcourt beschäftigte viele berühmte, talentierte Fotografen. Aber für alle gab es nur ein und dasselbe Licht. Die Ausleuchtung Harcourt. Die Signatur hinter der Signatur. Und bis zu zwölf Kabinen für die Retusche im Untergeschoss.

Nach dem Erfolg kam der Niedergang, trotz gezielter kommerzieller Strategie und gekonntem Marketing durch Geschäftsfrau Cosette Harcourt. 1980 wurde das Studio Harcourt – einst das »größte Porträtstudio der Welt« (*Life*, Februar 1952) – verkauft. Cosette war seit vier Jahren tot. Längst hatte sie sich von Jacques scheiden lassen, um paradoxerweise weiterhin mit ihm in derselben Wohnung – aber unter den beschwingenden Flügeln der Freiheit – bis zuletzt zusammenzuleben. Die Marke »Studio Harcourt« und »Harcourt« wurde jedoch noch 1979 eingetragen, bevor das Unternehmen sich finanziell neu erfinden musste. Zum x-ten Mal in seiner Geschichte. Sie wiederholte sich: neue Besitzer, neue Adresse. Alte Gesichter tauchten wieder auf, schauten vorbei. Etwa François Mitterrand, der sich, ganz *bourgeois* und Narziss, schon in den fünfziger Jahren selbstverliebt hatte ablichten lassen. 1986 erneuter Besitzerwechsel und wieder eine neue, nicht unbedingt bessere Adresse. Werbe- und Modefotos und auch die Fotografen selbst halfen zu überleben. Aber die Seele von Harcourt wurde den wechselnden Geschäftsleuten nicht mitverkauft. Sie blieb ihnen fremd, was die Kunden spürten.

Um die kostbaren Archive zu retten, wurde der französische Staat eingeschaltet. Er sollte sie kaufen und bewahren. Beides war teuer, aber der einmalige Fotofonds und die durch ihn dokumentierte französische Kulturgeschichte waren es wert. Kulturminster Jack Lang ließ im November 1989 das Archiv der Jahre 1939–1972 kaufen. Frankreich erwarb damit ein Pantheon der Fotografie.

Aber der Verkauf rettete die damaligen Besitzer nicht vor der Pleite. Immer wieder mussten sie weitere alte Abzüge von unermesslichem Wert an den Staat verkaufen. Zum Glück, denn dieser wird dauerhaft ihr Hüter bleiben, Ausstellungen organisieren und Harcourt damit ins Gespräch und Internet bringen.

Harcourt wurde mehrfach versteigert. Eine neue Kundschaft aus Sportlern wie Rafael Nadal, Boris Becker, Michael Schumacher, Nico Rosberg ließ sich stilvoll ablichten. Und Harcourt begann, nach einem letzten Konkurs, ein anderes, erweitertes Leben. Der Marke Harcourt wird 2007 neues Leben eingehaucht. Schauspieler, darunter Stars wie Fabrice Luchini, und Autoren von Weltruhm, wie Paulo Coelho und Amélie Nothomb finden den Weg ins Studio. Zur neuen Klientel gehören nunmehr auch Russen. Und weniger gut Verdienende, die Harcourt genauso hofiert. Catherine Renard mag sie. Sie lassen sich bei Harcourt fotografieren, weil sie ihrer Familie ein besonderes Geschenk von sich machen wollen. »Das Bild, das sie ihren Erben von sich hinterlassen wollen. Sie sparen oder zahlen in Raten.« Harcourt ist eine inszenierte Momentaufnahme, die einen nicht altern lässt. »Es ist ein bisschen wie der Wunsch von Dorian Gray«, sinniert Catherine Renard. Nur verkauft sich hier niemand dem Teufel. Es ist weiterhin der Kult um das besondere Foto, im Zeitalter rasanter Beliebigkeit und der Massenproduktion. Die Erfinder der Fotografie im 19. Jahrhundert hatten bereits davor gewarnt. Aber sie konnten sich damals nicht deren gigantischen Ausmaße vorstellen. Snapshots, Selfies und Instagram lagen über ein Jahrhundert entfernt. Bei Harcourt wird gegen den Schnellschuss hart angekämpft.

In einem Vorgespräch versucht die Betreuerin, Verträglichkeiten mit dem einen oder anderen Fotografen, die für das Studio arbeiten, auszutesten. Die Chemie muss stimmen, tritt doch der Porträtierte – das Modell – in nahe Interaktion mit dem Porträtierenden, dem Fotografen. Und da es sich teils um Laienmodelle handelt, ungeübt im Sitzen und manchmal eingeschüchtert, sind Vertrauen und Hingabe immens wichtig. Am Set arbeitet eine Crew von bis zu zwölf Leuten. Das Gesicht wird geschminkt und ausgeleuchtet. Der Fotograf sucht die Schärfen, Weichheiten, Linien – und nur nebenbei das Wohlbefinden. »Wir arbeiten nur mit Freien. Nur Freie überbieten sich«, erläutert die Geschäftsführerin und erteilt ganz nebenbei einen Kurs in Ökonomie. »In Frankreich haben wir fast nur Beamte mit entsprechender Mentalität. Sie suchen weder die Herausforderung noch Neues.« Angestellte sind auch eine Kostenfrage. Die Sozialabgaben sind hoch.

Ein Harcourt-Foto bringt jedenfalls Neues hervor. Es zeigt, um mit der Fotoporträtistin Gisèle Freund zu sprechen, »das Gesicht hinter der Maske«. Mitunter ein Gesicht, einen Wesenszug, den weder der Fotograf noch der Fotografierte zunächst vermuteten oder besonders hervorkehren wollten. Komiker Gad Elmaleh (2007) etwa zeigt extrem traurige, fast depressive Züge. Er erinnert an die Clowns, die in der Manege das Zirkuspublikum mit einem lachenden und einem weinenden Auge bespaßen. Bei anderen werden strenge Züge überraschend weich. Oder umgekehrt. Der freundliche Schriftsteller Jean-Marie Rouart ließ sich in seiner Académie-Uniform ablichten. Sein Gesichtsausdruck wirkt abweisend.

Nur Karl Lagerfeld scheint unverkennbar Lagerfeld. Sein Porträt steht wie eine Einladung zu einer besonderen Show in der Eingangshalle. Er gibt einen Vorgeschmack auf die Welt, die einen erwartet. Etwas Glanz und Glamour für die Ewigkeit.

Läuft das Geschäft? »Ich bin auch ausgebildete Geschäftsfrau. Und von Natur aus vorsichtig.

Mein Businessplan war entsprechend sorgfältig angelegt.« Direktorin Catherine Renard ist jedenfalls stolz, keine Kredite zu haben. Ihr Geschäfts- und Lebenspartner Dagnan brachte als Immobilienmakler ein gutes finanzielles Polster mit. Und stolz, ein Stück französischer und Pariser Geschichte weitergeschrieben zu haben. Die Internationalisierung wird vorangetrieben. Asien und Monaco sind als Märkte in Arbeit. Eine weitere Möglichkeit sind die USA. Es gab schon einmal eine transatlantische Zusammenarbeit. »Wir sind jedenfalls mehr als nur französisches Kulturgut.« Mit modernen Techniken wie dem Photomaton, der an exklusiven Stellen vorübergehend auf- und dann wieder abgebaut wird, versucht Harcourt, auch jüngere Menschen auf sich aufmerksam zu machen: das erschwingliche Passfoto mit einem Hauch Kunst.

Unvermittelt zeigt Catherine Renard den entscheidenden »unbezahlbaren« Mehrwert von Harcourt auf, den sie als Naturwissenschaftlerin erkannte: »Harcourt bewahrt uns das dreidimensionale Sehen. Die meisten Bilder heute sind nur noch zweidimensional. Und damit, befürchte ich, wird die Jugend einseitig.« Es ist die Biologin, die spricht. Die Forscherin, die sich seit dem Kauf des Fotostudios mit dem Zusammenhang von Mensch, Medizin und Fotografie beschäftigt. Die in der Dreidimensionalität, der Arbeit mit dem richtigen Licht, quasi dem fotografischen Malen eines Gesichts und dem Herauskitzeln und Beleuchten einer verborgenen Persönlichkeit Befriedigung findet. Und mit dem Verkauf kleiner luxuriöser Accessoires zu einer glamouröseren Persönlichkeit verhelfen will. Schon früher, unter Cosette, verkaufte Harcourt Parfum. Harcourt ist ein Konzept der Schönheit. Aus dem Spa im Untergeschoss kommt eine Frau, sichtlich erholt. Das kleine Dalloyau-Restaurant in der ersten Etage ist ausgebucht. Die wenigen Plätze sind begehrt. Jeder kann hier reservieren. Und eine Dauerausstellung mit Kult-Gesichtern aus dem Studio zeigt grandiose Film-, Theater- und Kulturgeschichte.

Von Geschäftsführerin Catherine Renard gibt es hier kein Foto. Sie lässt sich nicht gerne fotografieren. Mit ihrem dunklen Kurzhaarschnitt, dem blassen Teint, ihrem beigefarbenen Mantel, den schwarzen Strümpfen und Schuhen wirkt sie selbst wie eine Pariser Fotografie in Schwarz und Weiß. Von zeitloser Eleganz, zurückhaltend und doch angenehm präsent. Eben Harcourt.

Von Gräbern und Kirchen

Don Camillo und der Friedhofstourismus

Zur französischen Filmgeschichte gehört eine italienische Saga in fünf Folgen: jene von Don Camillo und Peppone, einem Priester und einem kommunistischen Bürgermeister, die sich in ihrem Dorf gegenseitig austricksen, um letztlich, nolens volens, brüderlich vereint, für den Wohlstand des Dorfes und seiner Bewohner zu sorgen. Die Rolle des Don Camillo machte den französischen Sänger, Revue- und Operettenschauspieler Fernandel – der mit dem breiten Pferdegebisslächeln – dauerhaft berühmt. Bis in die achtziger Jahre saßen die Franzosen generationsübergreifend gemeinsam vor den Fernsehschirmen, um sich die in Italien gedrehten, jedoch universell gültigen Fehden zweier Dorfautoritäten des Autors Giovannino Guareschi anzusehen. Bürgermeister Peppone kämpfte schlitzohrig um Wählerstimmen, Don Camillo, nicht minder gerissen, um Kirchgänger. Vergebliche Mühsal.

Frankreichs Katholiken lassen statistisch gesehen in ihrem Glaubenseifer nach. In einem überwiegend katholischen Land sind auch die Priesterweihen in den letzten Jahren erschreckend gering. Und die Kirche muss sehen, wie sie sich finanziert. Frankreich ist laut Verfassung ein laizistischer Staat, das heißt Staat und Kirche sind voneinander strikt getrennt und intervenieren untereinander nicht.

Das bedeutet auch, dass es in Frankreichs öffentlichen Schulen keinen Religionsunterricht geben darf und der Staat keine Kirchensteuer erhebt, um sie an die Kirchen zurückzuverteilen. Ausgenommen von diesen Regelungen ist die Grenzregion Elsass-Lothringen. Ihr Sonderstatus orientiert sich in kirchlicher Hinsicht an der Bundesrepublik Deutschland. Keine Kirchensteuer bedeutet aber auch, dass die Glaubensgemeinschaften sehen müssen, wie sie sich, ihr Personal und ihre Versammlungsgebäude finanzieren. Das geschieht überwiegend durch den Kirchenzehnt (*denier de l'église*), bescheidener durch Messenkollekten und recht gut durch Vermächtnisse. Im Grunde besteht noch kein Grund zur Verzweiflung, denn der über Jahrhunderte angehäufte Immobilienpark und anderes, investiertes Vermögen von Frankreichs katholisch-römischer Kirche – so die offizielle, jedoch selten gebrauchte Bezeichnung – ist noch immer beachtlich. Aber der Mangel an Priesternachwuchs führt zur Zusammenlegung von Gemeinden und damit zur Schließung vieler Kirchen. Und damit zum Verfall. Wie in anderen Ländern, wie etwa in Deutschland oder Großbritannien, können Sie sich in Frankreich ein Kirchlein kaufen, darin wohnen, Ausstellungen und Konzerte veranstalten oder auch nur Partys.

Die steinernen Kirchen stehen und müssen unterhalten werden. Sie harren der Besucher. Ein Abstecher lohnt sich. Denn jenseits monumentaler bekannter Gotteshäuser wie Notre-Dame, Saint-Sulpice oder Saint-Eustache befindet sich in Paris und seinen Vororten eine Vielzahl religiöser Kleinode.

Oftmals sind sie von großem historischem Wert, erzählen Dramen und bedeutende Ereignisse französischer Geschichte. Etwa jene königliche Kapelle Notre-Dame de Compassion an der place du Géneral Koenig. Wie verloren steht sie vor dem Straßenwirrwarr aus *périphérique*, Aus- und Einfahrten, Kreisverkehren und Hauptstraßen, die auf die porte Maillot zusteuern oder sich von ihr entfernen. Notre-Dame de Compassion ist ein Ort der Stille, der vergeblich gegen den Verkehrslärm kämpft. Errichtet wurde die Kapelle 1842/43 zunächst einige Hundert Meter weiter als Erinnerung an den tragischen Unfalltod von Ferdinand-Philippe von Orléans am 13. Juli 1842. Auf dem Weg zu seinen Eltern, vor den Toren des damals noch ländlichen Neuilly-sur-Seine, gingen die zur Eile getriebenen Pferde des Thronfolgers durch. Der Einunddreißigjährige sprang aus dem Zweispänner, stürzte unglücklich und starb im Laden eines verzweifelten kleinen Händlers. Dort stand ursprünglich auch sein Kenotaph. Etwas über hundert Jahre später, Anfang der siebziger Jahre, musste er dem gigantischen Einkaufs- und Veranstaltungszentrum Palais des Congrès an der porte Maillot weichen. Er wurde abgetragen und an der place du Géneral Koenig wieder aufgebaut mitsamt der schönen, von Henri de Triqueti (1803–1874) gestalteten marmornen Figur des sterbenden Erbprinzen. Sehenswert und geschichtsträchtig. Denn Ferdinand-Philippe war auch jener flotte Thronfolger, der ein apartes, gebildetes, protestantisches, eher unbekanntes, jedoch mit dem Preußenkönig verwandtes »Nordlicht« –

Helene, Herzogin zu Mecklenburg-Schwerin – 1837 heiratete und eine in der deutsch-französischen Geschichte selten glückliche deutsch-französische Ehe führte.

Mit dem Tod des recht beliebten Thronfolgers 1842 verloren die französischen Royalisten noch mehr an Halt und Glauben. Frankreichs wackeliger Thron unter König Louis-Philippe wurde noch wackeliger. Es war eine Frage weniger Jahre, bis die Februarrevolution 1848 ausbrach und der »König der Franzosen«, wie er sich hoffnungsvoll und versöhnlich nannte, gezwungenermaßen abdankte und mit der Familie – inklusive der ebenfalls beliebten Mecklenburgerin und ihrer beiden Erbprinzen – bei Nacht und Nebel aus Frankreich fliehen musste. Die geborenen Orléans flohen über den Ärmelkanal ins englische Schloss Claremont, das Königin Victoria ihnen zur Verfügung stellte. Die verzweifelte Mecklenburgerin eilte nach Thüringen ins Eisenacher Schloss ihres geliebten Oheims mütterlicherseits, des Großherzogs von Sachsen-Weimar-Eisenach. Pflichtbewusst und an die Zukunft ihrer Söhne – des Grafen von Paris und des Herzogs von Chartres – denkend, folgte sie später der Schwiegerfamilie ins englische Exil, wo sie, wie ihr Schwiegervater Louis-Philippe, verstarb. Denn Kaiser Napoléon III. hatte den Orléans die Rückkehr nach Frankreich auf ewig verboten.

Wäre Thronerbe Ferdinand nicht gestorben, wäre Frankreich vielleicht noch heute eine Monarchie. Wenn das Wörtchen wenn nicht wäre … So viel Drama erzählt jedenfalls die kleine Kapelle mit der schönen Marmorskulptur und den bunt leuchtenden Kirchenfenstern.

Eine andere Kuriosität ist die Kapelle des Collège des Écossais aus dem 13. Jahrhundert. Eine ursprünglich schottischen Studenten der Universität von Paris vorbehaltene Beerdigungsstätte. Aufgrund der Heiligen Allianz besaßen Schotten damals zugleich die französische »Nationalität«. Anfang des 17. Jahrhunderts ließ sich im Collège in der rue du Cardinal-Lemoine 65 eine Glaubensgemeinschaft schottischer Priester nieder und gründete 1662 ein Seminar und eine Schule. Sie empfing 1703 in dem prächtigen, eigens errichteten Mausoleum das in einer gold-bronzenen Urne verwahrte Gehirn – ja, richtig gelesen, das Gehirn – von James II., des letzten katholischen Königs von Irland und England und gleichzeitig als James VII. Königs von Schottland. Der Stuart (1633–1701) wurde nach drei Jahren und neun Monaten Regierungszeit von seiner Tochter Mary vom Thron gejagt. Sein französischer Cousin Louis XIV nahm ihn in seinem Schloss in Saint-Germain-en-Laye auf. Die in dreifachem Marmor gehaltene, mit einem Obelisken und drapierten Vorhängen verzierte Grabstätte des »Jacob II. Magnae Britannicae Regis« ist sehenswert. Wenngleich es nur noch Zenotaph ist. Die Revolution von 1789 brachte auch hier eine Grabschändung. Die Körperteile des Illustren wurden ohnehin nach seinem Tod unter verschiedenen Kirchen aufgeteilt: den Jesuiten in Saint-Omer, dem Konvent der »Visitandines« von Chaillot und der Kirche von Saint-Germain-en-Laye, wo er eigentlich nur ein schlichtes Grab wollte. Der einbalsamierte

Korpus ruhte zunächst bei den englischen Benediktinern in Paris. 1813 wurde er exhumiert und letztlich doch nach Saint-Germain-en-Laye überführt, wo eine Grabtafel an der Kirchenfassade an ihn erinnert. Sein Wille geschehe.

Eine andere für die Geschichte Frankreichs – und der Vereinigten Staaten von Amerika – bedeutende Figur, General La Fayette (1757–1834), liegt auf dem unbekannten Friedhof Picpus im heutigen zwölften *arrondissment* begraben. Der bekannte Marquis kämpfte früh für die Befreiung Amerikas aus englischer Kolonialherrschaft. Persönliche Abenteuerlust spielte hierbei eine Rolle. Lafayette, wie er später schlicht seine Briefe unterschrieb, um den Namensadel zu verbergen, meldete sich mit nur neunzehn Jahren freiwillig zum amerikanischen Unabhängigkeitskampf. Lange bevor König Louis XVI offiziell militärischen Beistand versprach und eine französische Flotte mit Kanonen, Artillerietruppen und Ingenieuren über den Atlantik nach Amerika schickte. Seine Schiffsreise finanzierte der begeisterte junge Mann aus seinem künftigen Erbe selbst. Die Bewilligung durch den zögernden König dauerte ihm einfach zu lange. Bei der bedeutenden Schlacht von Yorktown am 19. Oktober 1781 war Gilbert du Motier de La Fayette jedenfalls dabei und kehrte, nach enger Zusammenarbeit mit Benjamin Franklin und George Washington, ruhmreich in die französische Heimat zurück.

Eine fatale Entscheidung. In Frankreich halfen ihm, dem »Mann zweier Kontinente« und französisch-amerikanischen Bindeglied, seine Verdienste wenig bis gar nicht. Der fortschrittlich denkende General versuchte zwar in der französischen Revolution von 1789 zu vermitteln, fiel aber 1792 den auf Terror und Rache schwörenden Revolutionären unter Anführer Robespierre zum Opfer. Fünf Jahre verbüßte er im Gefängnis. Jene aufständisch-blutige Zeit ohne Mäßigung, Gesetz und Recht ging als Periode der *terreur* in die französischen Geschichte ein. Nach seiner Befreiung engagierte sich La Fayette für eine moderne Monarchie und verhalf dem »Bürgerkönig« Louis-Philippe auf den Thron. Dann kam Napoléon unsoweiterundsofort.

Noch heute erinnert jedenfalls der exklusive, in den USA gegründete Verein der Cincinnati mit ihrem französischen Zweig »Société des Cincinnati de France« an die gemeinsame militärische Befreiungsaktion. Und die Nachfahren der französischen, einst für Amerikas Unabhängigkeit Kämpfenden können heute ein Arbeits- oder Studienstipendium bei den Cincinnati für die USA beantragen. Welche gute Tat zahlt sich noch Jahrhunderte später so gut aus?

Auf dem Grab von La Fayette weht als Dank und Erinnerung beständig die amerikanische Fahne. In einer feierlichen Zeremonie stehen am 4. Juli, dem amerikanischen Nationalfeiertag der Unabhängigkeit, Amerikaner und Franzosen gemeinsam an seinem Grab in Paris.

Es ist jedoch ein Streich der Geschichte, dass der bescheidene Picpus-Friedhof zu einem Frauenkloster gehört, dessen Nonnen, Augustinerinnen, von den Revolutionären verjagt wurden. Das Kloster wurde Gefängnis. Den Friedhof nutzten die profanen, haltlosen Revolutionäre unter Robespierre, um die Köpfe und Körper der zwischen 14. Juni und 17. Juli 1794 von der an der nahen place de la Nation errichteten Guillotine Hingerichteten in neu ausgehobenen Gruben nackt, ihrer Kleider beraubt, abzulagern. Ein Massaker und eine Serienhinrichtung. La Fayette der Tapfere ruht neben ungefähr tausenddreihundert guillotinierten Landsleuten, Frauen, Männern, Kindern, überwiegend Adligen, aber auch dem Friseur von Marie-Antoinette – und Nonnen. Zu den *Terreur*-Opfern gehörten die letzten Karmeliterschwestern von Compiègne, die noch auf dem Pariser Schafott mutig ihre Kirchenlieder sangen.

Picpus ist heute einer von zwei privaten, noch genutzten Friedhöfen der Hauptstadt. Er wurde Anfang des 19. Jahrhunderts von aristokratischen Nachfahren der Guillotinierten gekauft, um den Toten Ruhe und Würde zu gewähren und Nachfahren beizusetzen. Eine Art nobler Familienzusammenführung. Neben Picpus bergen noch drei weitere Pariser Friedhöfe zahlreiche Guillotine-Opfer aus der Zeit von 1793/1794.

Springen wir ins 20. Jahrhundert und begeben uns nach Montrouge, einem traditionell »roten« Vorort der Kapitale. Hier, auf dem Friedhof von Montrouge, der eigentlich noch zum vierzehnten *arrondissement* gehört, liegt Coluche (1944–1986) begraben. Ein Komiker des berühmten Café de la Gare der siebziger Jahre, der 1981 aus Protest als Präsident kandidierte. Er gründete die populäre Suppenküche »Restos du Cœur«, die Obdachlosen, Flüchtlingen und anderen Bedürftigen kostenlos Essen ausschenkt. Inzwischen schöpfen immer mehr Franzosen, die unter dem SMIC, dem staatlich festgelegten Mindestlohn verdienen, hier ihre Suppe. Die Grabstätte von Coluche ist wie die meisten französischen Gräber ein eher unwirtlicher Betonklotz. Aber immerhin ist sie mit dem Konterfei des Komikers und stets mit Blumen geschmückt.

Beton und Asphalt. Der besondere, uncharmante *charme* französischer Friedhöfe. Auch wenn diese regional verschieden aussehen, haben sie nichts, aber auch gar nichts mit der rasenbegrünten Idylle englischer Ruhestätten gemeinsam oder mit den Blumen geschmückten, Baum bestandenen und mit sandigen Wegen gekreuzten deutschen Friedhöfen.

Friedhofstourismus in Frankreich ist somit alles andere als erbaulich, zumindest selten ein Spaziergang im Grünen. Der kargste Friedhof, den ich je gesehen habe und auf dem ich, so mein Testament, nicht begraben sein möchte, liegt im bretonischen Dorf Guémené-Penfao. Der Friedhof gleicht einem urbanen Totenmeer aus Beton und Asphalt. Weit und breit keine Blume. Kein Grashalm wächst. Allenfalls reckt ein zerzaustes Gänseblümchen seine Blüte mühselig im Teer. Hier jedenfalls wird das Starren in den wilden, wolkenreichen, wechselnden bretonischen Himmel garantiert zur tödlichen Qual. Mag die adelige Nachbarschaft im Nachbargrab noch so vornehm sein.

Privatfriedhöfe, wie etwa auf Schlössern oder auf eigenem Grund und Boden, wurden seit dem 18. Jahrhundert endgültig untersagt. Das Sterben und die Beisetzung waren nunmehr eine strikt reglementierte öffentliche Angelegenheit, um der Seuchen Herr zu werden. Friedhöfe mussten, so das Gesetz, außerhalb der Städte angelegt werden.

Auch wurde die Grablassung in Kirchen erneut verboten. Der Dôme des Invalides bleibt eine Ausnahme.

Das 19. Jahrhundert bringt ein bedeutendes Sterbegesetz und die heute bekanntesten Pariser Friedhöfe werden angelegt. Das Gesetz vom 15. November 1887 erlaubt endlich, die Art der eigenen Bestattung selbst zu bestimmen. Nach dem Friedhof Père Lachaise werden 1824 Montparnasse und 1825 Montmartre gegründet. Alle drei sind für die ewige Ruhe sehr begehrt. Heutige Berühmtheiten bevorzugen in der Regel den cimetière Montparnasse ungeachtet dessen Schmucklosigkeit und urbaner Eingrenzung. Leider sind hier nicht alle berühmten Gräber auf den Eingangstafeln des Friedhofs gekennzeichnet. So fehlt etwa die Benennung des Grabes der berühmten Fotografin Gisèle Freund.

Ihr eher unscheinbares Grab liegt nicht weit von ihrer letzten Wohnung nahe des boulevard Montparnasse und nicht weit vom Grab ihres Fotografenfreundes Robert Capa.

Der Tod ist übrigens ein echtes Problem im knapp bemessenen Wohnraum Paris. Ein Gesetz sieht vor, dass in jeder Gemeinde von über zweitausend Einwohnern jeder beim Einwohneramt Gemeldete oder auf der Wählerliste Stehende ein Anrecht hat, fünf Jahre gebührenfrei auf dem städtischen Friedhof zu ruhen. Allerdings muss er sich vorher seinen Herzschrittmacher entfernen lassen und seinen Leichnam in eine ökologische Plastikhülle, *biodégradable*, verpacken lassen und den Moment der korrekten *mise en bière* über sich ergehen lassen.

Mise en bière hat nichts mit Einbalsamierung und Bier zu tun, sondern kommt vom dem aus dem Lateinischen entlehnten altfranzösischen »bera«, der Bezeichnung für jene hölzernen Karren, die Tausende Pestleichen vor die Pariser Stadttore fuhren, um die Epidemie einzudämmen. Heute ist *mise en bière* der gehobene sprachliche Ausdruck für den ergreifenden Moment der korrekten Einbettung in den Sarg – mit Deckelschluss. Wer seine Asche lieber vom Winde verwehen lassen möchte, kann auch dies problemlos verfügen: Jeder öffentliche französische Friedhof muss ein paar Quadratmeter für diese Art der Bestattung bereitstellen.

Auch für den Pariser Platzmangel finden die Franzosen im 21. Jahrhundert bereits Lösungen. Etwa den virtuellen Friedhof. Am 21. März 2017 »beerdigten« sie in einer Art virtuellem Bestattungshappening die *morts de la rue*. Jene fünfhundert Obdachlosen, die im Vorjahr verstorben waren.

Für den echten Pariser *flaneur* ersetzt das Web jedoch nicht den Gang auf Friedhöfe und in die Kirche.

Schauspieler Fernandel liegt übrigens auf dem Friedhof Passy im schicken sechzehnten *arrondissement* begraben. Auf seinem Grab stehen stets Blumen – die berühmte Ausnahme, die die – schmucklose – Regel bestätigt.

Prousts Madeleine ist tot – Es lebe die Madeleine

Pariser Patisserien

Um die Wahrheit zu sagen: Prousts stets mit Paris assoziierte *madeleine* ist eigentlich eine Erinnerung an seine Tante Elisabeth, an Kindheit und oft verbrachte Ferien in ihrem Haus in der heutigen Eure-et-Loire, unweit von Chartres. Besagte Tante, eine ältere Schwester seines Vaters, empfing ihn stets mit dem gleichen Ritual: eine hausgemachte *madeleine* in Tee gestippt. Das Ritual blieb in seinem Gedächtnis haften. Die buttrige *madeleine* beduftete sein Unbewusstes, erwärmte sein Leben und durchzieht seine Romane in Endlosschleife. In Paris stippte der Kränkelnde sie nostalgisch in den Kaffee. Oder war es Tee? Schwarzer Tee, parfumiert mit Bergamotte? Oder grüner Tee? Oder wie bei seiner Tante Lindenblütentee? Seitdem ist die Proust'sche *madeleine* jedenfalls Symbol vergangener Zeiten, auf die der Mensch mit unverhohlener Nostalgie – und tiefen Seufzern – zurückblickt. Zeiten, die im Falle von Proust in ihrem Glanz von *salons* und *bohème*, von Flirt im Frack und in Fiakern, für immer verloren scheinen. Die *madeleine* ist die ephemere, tröstende Erinnerung.

Prousts *madeleine* ist tot. Es lebe die *madeleine*. Denn ihr Tod ist kein Grund zum Verzweifeln, kehrt sie doch in anderer Form – wie einst der König – wieder. Die essbare Proust'sche Butter-*Madeleine* seiner ländlichen Kindheit wurde inzwischen mit Pistazien-, Zitronen- oder Orangenparfum aromatisiert und dem Zeitgeschmack angepasst, in großer und kleiner Ausführung. Auch wenn es das Original »kurz und weich« in seiner Grundform einer *coquille Saint-Jacques* noch immer gibt.

Paris hatte schon damals und auch heute noch mehr als nur eine *madeleine* zu bieten. Die Stadt an der Seine inspirierte *pâtissiers* zu einer breiten Palette von *pâtisseries*, so wie sie Maler und Schriftsteller zu Bild und Wort inspirierte. Schon 1899 gab es einen *gâteau opéra*. Er scheint der Vorläufer des bekannten schokoladigen *Opéra* gewesen zu sein, der sich in allen Pariser *pâtisseries* findet. Um dessen Erfindung streiten sich die Häuser Lenôtre und Dalloyau. Gaston Lenôtre wollte ihn 1966 erfunden haben. Bei Dalloyau beruft man sich auf einen Cyriaque Gavillon, der das gute Stück wohl 1955 schuf, zu Ehren der Pariser Oper. Seine Frau gab angeblich den Namen. Wobei ungeklärt bleibt, ob das vielschichtige süße Werk an die braunen Holzböden der Oper erinnern sollte oder an die süßen Ballettratten.

Ungeklärt bleibt auch, warum der für die *bûche de Noël* verwendete Biskuitteig *biscuit Joconde* heißt und somit den Namen des berühmtesten Gemäldes im Louvre – der Mona Lisa – trägt. Der Teig aus Mandelpuder und geschlagenem Eiweiß ist jedenfalls »besonders geschmeidig und luftig«.

Der *Saint Honoré* wurde 1850 bei dem damals

berühmtesten Pariser *pâtissier* Chiboust erfunden. Nachwuchskonditor Auguste Jullien erfand ihn zunächst aus Briocheteig, den er mit einer *crème pâtissière* oder hausgemachter *crème Chiboust* füllte. Heute werden Blätterteig oder eine Art Brandteig verwendet und eine leichtere Cremefüllung. Geblieben sind die Verzierungen aus geschmolzener Karamellglasur und ein kaffee- oder schokohaltiger Zuckerguss.

Die Pariser *haute couture* inspirierte Star-*Pâtissier* Pierre Hermé zu farbenprächtigen *macarons haute couture*. 2016 holte er sich den Titel *meilleur pâtissier du monde*. Die Konkurrenz war, wie man sich vorstellen kann, groß. Aber die Pariser Bäcker und Konditoren sind Wettkämpfe gewöhnt. Einige kämpfen etwa um den Titel des besten *Baguette*-Bäckers.

Arnaud Larher, der in der Pâtisserie Fauchon begann, erfand den *Pavé de Montmartre*, eine seltsame Mischung aus Mandeln und bretonischem *kouign-amann*. Und da wir bei der Bretagne sind: zur traditionellen Pariser Konditor-Auslage gehört der schmale *Paris-Brest*. Der *Paris-Brest* wurde von einem *pâtissier*, Louis Durand, 1910 in der »Pferdestadt« Maisons-Laffitte erfunden. Es war seine Hommage an das gleichnamige Fahrradrennen Paris-Brest-Paris. Der runde Kuchenstreifen hat die Form eines Fahrradreifens. Der Inhalt besteht aus Brandteig und Sahnefüllung. Wie lange man mit dem Fahrrad ins Finistère braucht? Tausendzweihundert Kilometer ist die Rennstrecke lang. Der Fahrradrekord liegt bei zweiundvierzig Stunden und sechsundzwanzig Minuten. Fünfeinhalb Stunden dauert die Autofahrt von der Hauptstadt bis in die bretonische Hafenstadt Brest. Der Verzehr des *Paris-Brest* ist eine Sache von fünf Minuten. Eine Bagatelle – wie der gleichnamige Erdbeerkuchen *Bagatelle* von Lenôtre, dessen frische Erdbeeren und Name an den schönen Pariser Vorortpark Bagatelle erinnern.

Pariser Weihnacht oder wie der Weihnachtsbaum an die Seine kam

Eine Weihnachtserzählung zwischen Dichtung und Wahrheit

Es war einmal ein junger französischer Prinz. Ferdinand hieß er. Er kam aus einer alten, alten und recht reichen Familie. Sein Vater, Louis-Philippe, war »König der Franzosen«. Stattlich und eigensinnig war der Prinz und noch dazu recht ungestüm. Er suchte sich seine Braut im hohen Norden, in Mecklenburg-Vorpommern. Man nannte sie die »schöne Helene«, wenngleich sie vom anspruchsvollen französischen Volk nicht gleich als hübsch empfunden wurde. Aber ihre Bescheidenheit und Grazie beeindruckten bald alle. Klug war sie außerdem, aber arm, denn ein Teil ihrer Familie billigte diese Heirat nicht. Die Hochzeit wurde dennoch festlich auf dem wunderschönen Schloss Fontainebleau südlich von Paris gefeiert. Und die Schönen und Reichen bei Hofe und auch das Volk waren schließlich von der Herzogin Helene aus der Dynastie derer von Mecklenburg-Schwerin begeistert. Die Braut liebte Frankreich und ihren Prinzen über alles. Und da die Königsfamilie die junge Braut ebenso von Herzen gern hatte, ließen sie für sie in ihrer ersten Weihnacht nach der Hochzeit einen Tannenbaum in ihrem großen Schloss, dem Louvre, in den Tuilerien aufstellen. Er war riesengroß und bunt geschmückt. So recht nach deutschem Brauch. Helene hatte ihre helle Freude daran und auch die Pariser erfreuten sich des grünen Baumes. Seitdem wurde es Sitte, auch in Frankreich zu Weihnachten einen Christbaum aufzustellen und zu schmücken. Allerdings schon ab Anfang Dezember. Denn die französischen Kinder konnten nicht so lange warten wie die deutschen oder österreichischen. Und Geschenke bekamen sie weiterhin in Strümpfen am Kamin und erst am Morgen des 25. Dezember. Jedenfalls konnten sich die Familien so auch länger ihres Tannenbaums erfreuen. Das Prinzenpaar bekam übrigens zwei Söhne und lebte glücklich und zufrieden, bis der Prinz einen tragischen Unfall hatte und aus der Kutsche fiel. Und sich die Franzosen gegen ihren König, der es doch gut mit ihnen meinte, auflehnten. Aber das ist eine andere Geschichte. Seit jener Weihnacht im Jahre 1837 haben jedenfalls auch die Pariser einen Weihnachtsbaum in ihrem Wohnzimmer stehen. Und intonieren die deutsche Tannenbaumhymne: »Mon beau sapin« – »Oh Tannenbaum …«

Oft ziert auch eine kleine geschmückte Weihnachtstanne die schönen alten Pariser Hauseingänge. Still steht sie da, empfängt einen mit Silberlametta, bunten Kugeln und künstlichen Lichtern. Die *concierge* hat sie nach ihrem Geschmack geschmückt. Das Geld für das Bäumchen zahlt die Mietergemeinschaft – manchmal, nicht immer. Aber stets erhält sie für den Baum ein leises Lächeln der Hausbewohner und ihrer Gäste. Und als Dankeschön für treue, zuverlässige, manchmal ungewöhnliche Dienste einen kleinen Briefumschlag mit Geld, den die Bewohner ihr diskret zustecken. »Aber diese Tradition«, erklärt mir eine Bewohnerin an einer der feinsten Adressen von Paris, »verliert sich leider bei den jungen Leuten.« Wie auch die *concierges* in Paris seltener werden. Sparmaßnahmen der Wohnungsbesitzer sind die Ursache und dreifache Sicherheitsschlösser die schützende Alternative. Ein Berufszweig stirbt aus. Es ist ein unweihnachtliches, unchristliches Thema.

Ein riesiger Tannenbaum wird alljährlich auch auf der place Vendôme aufgestellt. Dafür sorgt seit über achtzig Jahren ein hochkarätiges Festkomitee, um den Glanz der Luxusboutiquen zu erhöhen. Im November rücken mächtige Kräne heran, um ihn hier aufzustellen. Manchmal leuchtet auch ein kleines Tannenwäldchen aus vier, fünf Christbäumen. Die Einweihung der geschmückten Tannen wird festlich begangen. In der Regel in der dritten Novemberwoche. Und die Augen der Pariser, die dem Festakt zufällig oder als geladene Gäste beiwohnen dürfen, strahlen mindestens genauso hell vor Freude wie die deutscher und österreichischer Kinder, wenn sie am 24. Dezember den Christbaum im heimischen Wohnzimmer erstmals entdecken. Der Festakt ist der Auftakt, die wichtigsten Pariser Einkaufsstraßen mit funkelnden Straßengirlanden und leuchtenden Sternen zum festlichen Strahlen zu bringen. Da der Weihnachtsglanz ein teurer Spaß ist, werden von der Pariser *mairie* zunehmend ökologische LED-Birnen verwendet. Auch in der Cour d'honneur des Élysée-Palasts steht traditionell eine riesige Tanne. Eine zweite, klassisch geschmückte, wird im *palais* aufgestellt.

Angesichts des üppigen Schmucks Londoner Kaufhäuser wie Harrods oder Fortnum & Mason steht Paris in der Weihnachtszeit mächtig unter Druck. Die besten Dekorateure werden beschäftigt, um die Schaufenster der Einkaufstempel Galeries Lafayette, Printemps und Le Bon Marché fantasievoll zu gestalten. Den Druck auf Paris erhöhte die Tradition nordischer Weihnachtsmärkte. Jahrelang versuchte die Stadt an der Seine den unfranzösischen Brauch in seiner Festlichkeit zu importieren. Ohne Erfolg. Es wurde eine Fressmeile ohne traditionelles Handwerk. Eine Art Oktoberfeststimmung mit zu viel Alkohol und fehlender Qualität, wie erstmals eine Pariser Bürgermeisterin kritisch bemerkte und 2017 energisch einen Schlussstrich zog. Der Tiroler Budenzauber *à la française* wurde von Bürgermeisterin Anne Hidalgo auf den Champs-Élysées verboten. Was bei den reformscheuen Franzosen wieder einmal zu mehrtägigen Blockaden des Périphérique durch die Schausteller und damit zum Verkehrschaos führte. Die Pariser mussten für diese Entscheidung büßen. Sie müssen immer für politische Entscheidungen büßen. Das ist der Preis ihrer geografischen Nähe zur Macht. Wie gewohnt wurde es eine Kraftprobe ohne versöhnliche Worte. Der Präsident schaltete sich schnellstens ein und ließ die blockierten Straßen und Plätze durch Polizeikräfte befreien. Da Anne Hildagos Entscheidung bereits im Oktober gefallen war, wurde es letztlich dennoch ein friedliches Fest. Kleinere Weihnachtsmärkte konnten woanders stattfinden, auf Bezirksebene und in angrenzenden Vororten wie Neuilly-sur-Seine.

Pariser Weihnacht bedeutet in einem katholischen Land auch Krippenschmuck. Notre-Dame schmückt sich nicht nur mit lichtfunkelnden Adventskränzen in den einzelnen Kapellenbögen, sondern auch mit einer übergroßen Krippe. Alle Jahre wieder. Auch wenn eine Besucherin kritisch anmerkt: »Letztes Jahr war sie noch größer.«

Zart und festlich ertönt am Heiligen Abend in den Pariser Kirchen und Kathedralen »Stille Nacht« auf Französisch: »Douce nuit«. Es ist stets das letzte Lied der Messe und mindestens genauso bekannt und beliebt wie das französische Weihnachtslied: »Les anges dans nos campagnes«. Am 24. Dezember ab vierzehn Uhr, also noch vor Einbruch der Dunkelheit, ertönt das Berglied »Stille Nacht« im stündlichen Non-Stop-Rhythmus bis Mitternacht. Der Bischof von Paris und die Priester haben alle Hände voll zu tun, des Andrangs Herr zu werden. Die randvollen, bis auf den letzten Platz besetzten Kirchen sind ihr Weihnachtsgeschenk.

Paris im Dezember und am Heiligen Abend: Gefeiert wird pariserisch, ohne Schnee, aber mit der Familie und einem mehrgängigen Menü, bei dem *foie gras* als Vorspeise und die traditionelle *bûche de Noël* zum *dessert* nicht fehlen dürfen. Die *bûche* in Form eines kleinen Holzstammes ist eine Nachspeise aus Eiscreme oder Biskuitteig. Es gibt sie in zahlreichen Varianten mit Schokolade, Rum, Vanillecreme oder fruchtigem Allerlei. Der süßen

Fantasie sind keine Grenzen gesetzt. Dem Champagnerfluss auch nicht.